楽しく、やさしい、カウンセリングトレーニング

フォーカシング ワークブック

近田輝行・日笠摩子　編著

株式会社　日本・精神技術研究所

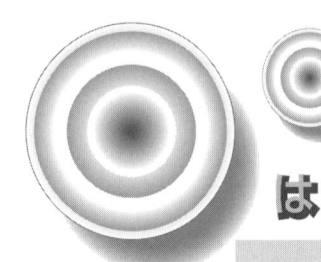

はじめに

　私たちが日精研心理臨床センターのフォーカシング・ワークショップを村瀬孝雄先生からひきついで10年がたちました。この本は、その間テキストとして使っていたベーシックコース用の「フォーカシング実習の手引き」とアドバンスコース用の「リスナーとガイドの訓練の手引き」を1冊にまとめ、大幅に改訂と増補を加えたものです。

　本書のもとになっている2冊の小冊子は、フォーカシング研究所のテキストやアン・ワイザー・コーネルらのマニュアルに基づいて、ワークショップでの使い勝手を優先して私たちが作ったもので、何回も改訂をくり返してきました。その間、フォーカシング関係の本はたくさん出版されましたが、ワークショップや大学院などで、実習のテキストとしてそのまま使えるものは少なく、そのため上記の2冊は、いろいろなところで私たち以外のフォーカシング・トレーナーにも利用されてきました。

　そこで今回その2冊をまとめ、さらに、現在日本で行なわれているフォーカシングのいろいろなワークをできるだけたくさん加えることで、より多くの人たちに活用していただくことを目指しました。フォーカシングのワークショップや自主グループでの利用はもとより、大学院での実習やカウンセラーのためのトレーニング、学校や企業での研修にも使っていただけると考えています。また、本書をフォーカシングの独習に用いることもできますが、フォーカシングがまったくはじめての方は、まず熟練者のもとで経験するか、ワークショップに参加することをお勧めします。

フォーカシングの練習法やフォーカシングを応用したワークは、本書にあるようにさまざまな形に展開しています。しかし、フォーカシングそのものは非常にシンプルで、基本は変わりません。それは、心理的な安全を優先しながら、フェルトセンス（直接感じられる言語化以前の経験・からだの感じや気持ち）をていねいに確かめることです。本書にあるようなさまざまな枠組みやステップは、安全に、ていねいにフェルトセンスに触れ、プロセスをたどるための手段です。くれぐれも形式が一人歩きしないように、本末転倒しないよう気をつけてください。

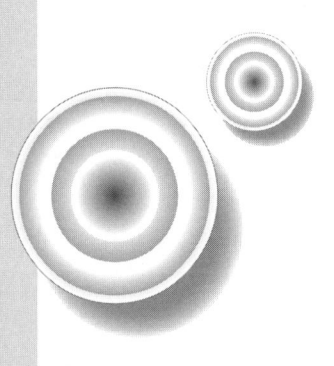

　この本は、ワークの掲載や執筆をこころよく承諾してくださったたくさんのフォーカシング・トレーナー、フォーカシング指向セラピストの方々の協力によってできあがりました。ここであらためて感謝の意を表したいと思います。なかでも山田絵理香さんは、私たちにかわってこの本をまとめる作業をほとんどすべて引き受けてくださいました。彼女なしにはこの本はできませんでした。また日精研心理臨床センターの八巻甲一さんと石井隆之さんは本書の制作ばかりでなく、長年にわたって私たちのフォーカシング・ワークショップを支えてくださいました。本当にありがとうございました。

　フォーカシングは泳ぐこと、自転車に乗ることのように、はじめにちょっとした手ほどきをえて身につければ、後は一人でできるようになる自然なプロセスです。このワークブックがその学びの手がかりになることを願っています。

近田輝行　日笠摩子

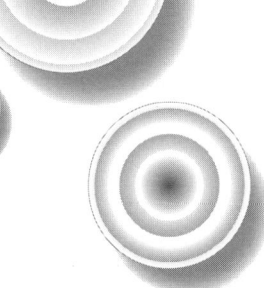

目次

第1章　フォーカシングとは

- 1-1　■フォーカシングとは……………………………………………………… 8
- 1-2　■フォーカシングの背景にある考え方…………………………………… 12
- 1-3　■フォーカシングのいろいろ……………………………………………… 14
- 1-4　■そこに人がいる、ということ　Presence……………………………… 16

第2章　フェルトセンス実習

- 2-1　■自分の安全と場の安全を守るために…………………………………… 20
- 2-2　■からだの感じ……………………………………………………………… 22
- 2-3　■近づく実習Ⅰ……………………………………………………………… 26
- 2-4　■嫌いな人・好きな人……………………………………………………… 30
- 2-5　■森の小動物………………………………………………………………… 34

第3章　クリアリング・ア・スペース実習

- 3-1　■クリアリング・ア・スペースについて………………………………… 40
- 3-2　■イメージを使ったこころの整理………………………………………… 42
- 3-3　■こころの天気……………………………………………………………… 46
- 3-4　■箱イメージ法……………………………………………………………… 50
- 3-5　■紙に描きながら（「こころの整理」）…………………………………… 56

第4章　セルフガイドとリスニングの練習

- 4-1　■フォーカサーの注意事項………………………………………………… 62
- 4-2　■リスナーの注意事項……………………………………………………… 66
- 4-3　■練習セッションの基本ルール…………………………………………… 70
- 4-4　■ひとりフォーカシング…………………………………………………… 74
- 4-5　■ジェンドリンの6ステップ……………………………………………… 76
- 4-6　■アン・ワイザー・コーネルのフォーカシング・プロセス…………… 80
- 4-7　■フリードマンの8ステップ……………………………………………… 90
- 4-8　■セルフガイドとリスニングの練習……………………………………… 94
- 4-9　■ちょっとガイドの練習…………………………………………………… 98
- 4-10　■小グループでの練習の進め方（ラウンド・ロビン）…………………102

第5章　アドバンス編

5-1	■フォーカサーに教えてもらう方法（背景にある考え方）	108
5-2	■近づく実習Ⅱ（憶測と共感の違い）	114
5-3	■フォーカサーに教えてもらう方法（FAT）	118
5-4	■FATフォーカサーのための注意事項	122
5-5	■FATリスナーのための注意事項	126
5-6	■批判とフィードバックの識別	130
5-7	■ガイドについて	136
5-8	■コーチつきガイド練習	140

第6章　応用編

6-1	■インタラクティブ・フォーカシングとは	146
6-2	■インタラクティブ・フォーカシングの方法	148
6-3	■小グループでのインタラクティブ・フォーカシングの練習	152
6-4	■からだ　ほぐし	156
6-5	■ぐるぐる描き	162
6-6	■連詩	166
6-7	■粘土を使ったフォーカシング	170
6-8	■夢のフォーカシング	174
6-9	■TAE	178
6-10	■ホールボディ・フォーカシング	182

付　録

A	■コミュニティ・グループでフォーカシングする際の諸注意	190
B	■関係諸機関	194

参考文献

第1章
フォーカシングとは

1-1 フォーカシングとは

近田 輝行

1. フォーカシングとは

「フォーカシングが意味するのは、ある問題について最初ははっきりしないからだの感覚のそばに居続けることであり、その目的と結果はそこから新たな体験的一歩が生まれることである。」フォーカシングの創始者ジェンドリン（E.T.Gendlin 1926-）はこう述べています。

どこかで暗に感じているけれどまだ言葉にならない「何か」、ジェンドリンはこれを「…」と表現していますが、この部分に注意を向け、それを言葉やイメージにしていくとき、気づきや変化が生まれます。そのプロセスがフォーカシングです。新たな一歩を生み出すための、実感をともなった自分自身との対話の方法といってもいいでしょう。

このような現象は私たちの日常生活でも自然に生じています。のどのつかえや胸のモヤモヤなど、漠然とした感じや違和感に注意を向けることはめずらしくありません。否定的なものに限らず、何かいい体験をした後、言葉にできない余韻や感覚を味わっているときも同様です。

カウンセリングや創造的な活動において、この「はっきりしない何か」「気になる感じ」に触れることが重要な役割を果たします。このような注意の向け方のコツを学び、練習できるようにしたものが、技法としてのフォーカシングです。

2. フォーカシングのさまざまな実践

フォーカシングは心理療法やカウンセリングの技法として用いられるだけでなく、さまざまな領域で活用されています。一般には、効果的な自己探索の方法として、自己理解、自己受容、決断やメンタルヘルスの目的で実践されており、問題解決や心理的成長、創造的活動に役立ちます。

カウンセリングやセラピーにフォーカシングを活かす場合も、まず援助者自身がフォーカシングを行なうことが基本です。カウンセラー自身が内側の感じに気づくことで、傾聴の質を高めることができます。

クライエントの内側にフォーカシングが生じることを目指し、さまざまな技法と統合したものを「フォーカシング指向心理療法」と言います。カウンセリングでフォーカシングの教示や技法を自然に導入することもあれば、方法としてのフォーカシングをクライエントに教えることもあります。

3. カウンセリングの研究とフェルトセンス

フォーカシングはカウンセリングの研究から生まれました。カウンセリングの中で、知的な説明や外部の話に終始する人はなかなか進展しないことは知られていましたが、プロセスが進み成功する人たちの特徴を説明する、学派や技法を超えた共通の用語はありませんでした。ロジャーズ（C. R. Rogers 1902-1987）とジェンドリンはその点について研究し、次のようなことを発見しました。すなわち、カウンセリングが進展するか否かは、語られた「内容」によるのではなく、その「語り方」しだいだったのです。カウンセリングが成功する人たちは、まだ言葉やイメージにならない「感じ」「…」を確かめながら言葉をさぐっていました。そこで「…」にぴったりな表現がみつかると、話し手には緊張の解消やほっとするなどの感覚的な変化が感じられ、前進につながっていたのです。

ジェンドリンはこのような「…」を確かめるプロセスを「フォーカシング」と名づけました。学派や技法を超えてカウンセリングが進展する人たちの内側で生じていたことが「フォーカシング」だったのです。のちに誰でもそのプロセスをたどりやすいように工夫したものが、フォーカシングのステップです。またジェンドリンは、暗に感じている「何か」「…」を、すでに言葉にされている感情や経験とは区別して、「フェルトセンス」と名づけました。日本語では「からだの感じ」「気になる感じ」などにあたります。「違和感」や「痛み」として感じられることもあります。フォーカシングはフェルトセンスに触れていくプロセスです。

4. フォーカシングで大切にする態度

微妙な感じ、かすかな感覚、よく分からない「何か」に対して私たちは、無視したり、消そうとしたり、あるいはおなじみの解釈で決めつけたりしがちです。しかしフォーカシングではその反対の態度をとります。つまり「感じ」をそのまま認め、

その「感じ」が何を訴えているのか、ゆっくりつきあってみるのです。いつものパターンで決めつけることつまり「頭」は少し脇に置いて、痛みや違和感の言い分に耳を傾けます。

問題がたくさんある場合や感じが強すぎるときには、私たちは混乱し、問題や感覚に圧倒され、感じに触れることは困難です。その場合は、気がかりや問題から「間」をとることによってフェルトセンスに触れていきます。

5．体験過程の推進

このようにフェルトセンスに対して「間」をとりながら友好的に関わることで、フェルトセンスが明確になっていくプロセスがフォーカシングです。フェルトセンスと象徴化（言語化やイメージ化など）のジグザグのプロセスによって、さらに新しい気づきが得られます。しかもこのような変化は、「ああ、分かった」というすっきり感や安心感や解放感をともなうことが多いのです。あるいは涙や笑いになることもあります。このようなからだで感じられる変化のことをジェンドリンはフェルトシフトと呼びます。からだの知恵を信頼する中から新しいとらえ方が生まれるこのプロセスをジェンドリンは体験過程の推進（carring forward）という概念で説明しています。このような体験過程の推進は、からだを信頼し、そこに見つかるフェルトセンスを変えようとか操作しようとせずに、認めていくことから生まれるのです。

参考文献

近田輝行　2002「フォーカシングで身につけるカウンセリングの基本」コスモス・ライブラリー
Cornell, A.W.　1996　The Power of Focusing. New Harbinger Publications, Inc.
（大澤美枝子・日笠摩子訳　1999　「やさしいフォーカシング」コスモス・ライブラリー）
Gendlin, E.T. 1978　Focusing (first edition). New York : Everest House.
（村山・都留・村瀬　訳　1982「フォーカシング」福村出版）
池見　陽　1995「こころのメッセージを聴く」講談社現代新書

NOTES

フォーカシングの背景にある考え方

近田 輝行

1. ロジャーズとジェンドリン

ロジャーズ―クライエント中心療法

ロジャーズは、外側からの解釈ではなく、クライエントの内的な気づきを重視しました。それがクライエント中心ということです。気づきのプロセスは、今ここでの経験を受容することで進みます。ここで大事なのは「受容」は緊張の解消としてからだで実感される点です。

以上のようなクライエントの内的なプロセスが進むためには、心理的に安全な関係が必要です。そのような関係を作るためにロジャーズが強調したのが、カウンセラーの受容的で共感的で一致した態度です。

ジェンドリン―体験過程の象徴化とプロセスモデル

ジェンドリンはロジャーズの「経験の受容」という概念を「体験過程 (experiencing) の象徴化」という概念に置き換えました。体験過程の象徴化とは、今ここで直接感じられる言語化以前の感覚に注意を向け、表現することです。そうすることによって意味が生まれ、その経験自体も変化し、進展していきます。

人間の生のプロセスは豊かで複雑であり、機械やコンピューターとは異なります。状況と相互作用しながら、みずから新たなパターンを作り出していくのが生命体としての人間です。人間はことば・概念を用いつつ状況に適応していますが、状況は常にことばや概念よりも複雑で微妙です。しかしからだはその複雑微妙さをとりいれた次の新しい動きを暗示しています。それはからだが状況や関係も含んだ相互作用的な性質を本来持っているからです。つまりからだの感じには次の一歩が暗に含まれているのです。

参考文献

＜ジェンドリンの理論を詳しく知りたい方のために＞
Gendlin, E.T. (1962) Experiencing and the creation of meaning. A philosophical and psychological approach to the subjective. New York : Free Press of Glencoe. Revised
（筒井健雄訳　1993「体験過程と意味の創造」ぶっく東京）
Gendlin, E.T. (1964) A theory of personality change. In P. Worchel & D. Byrne (Eds.), Personality　change, pp. 100-148. New York : John Wiley and Sons.
（村瀬孝雄訳　1981「体験過程と心理療法」新装版　ナツメ社）
ユージン・ジェンドリン・池見　陽　1999「セラピープロセスの小さな一歩」
　池見　陽、村瀬孝雄訳　金剛出版
http://www.focusing.org/　にジェンドリンの理論と哲学の紹介があります(日本語)

2．聴き手との関係・自分との関係

　ロジャーズが強調した話し手と聴き手との関係、およびフォーカシングで大事にする話し手自身の内側との関係を図示すると次のようになります。

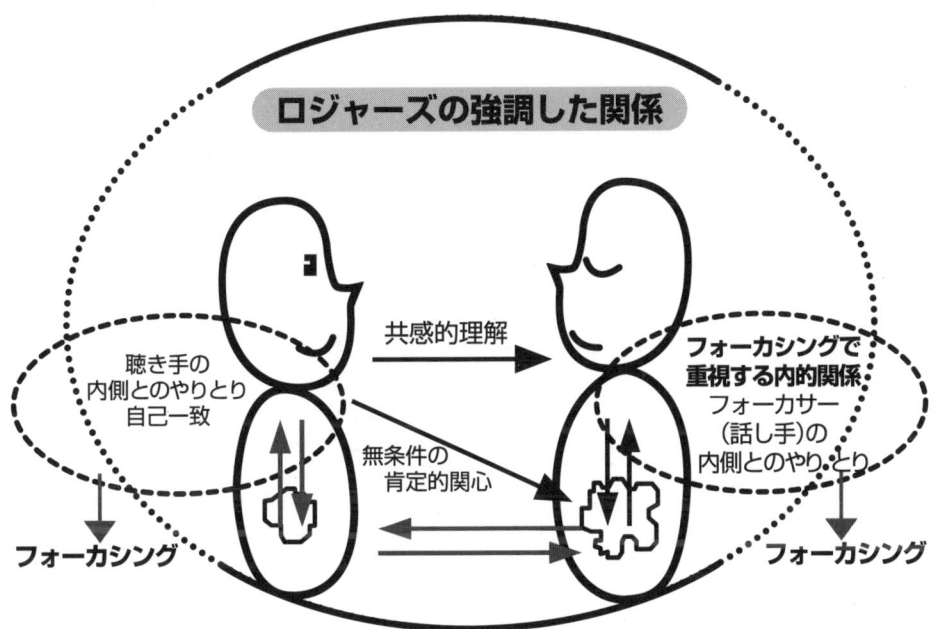

1-3 フォーカシングのいろいろ

近田 輝行

1. フォーカシングのいろいろ

　フォーカシングの基本はからだの感じにていねいにつきあい、それを受けとめること、ただそれだけです。安全な場で、自分の内側のプロセスにつきあいやすくするために、いろいろな枠組みが工夫されています。どの枠組みが役に立つかは、人によって、問題によって、あるいはその時その場によって異なります。その場に応じて、必要な方法、自分にあったやり方を選びましょう。

1) いろいろな「フォーカシング」
　　①自然に生じているフォーカシング（現象としてのフォーカシング）
　　②聴き手なしで一人で行なうフォーカシング（一人フォーカシング）
　　　黙って行なうことも、一人で言葉にすることも、描画その他の表現方法を用いることもあります。（本書の2、3章、4－4など）
　　③聴いてもらいながら行なうフォーカシング（リスナーのいるフォーカシング）
　　　一人で行なうのではなく、聴いてくれる人がいるところで語ります。聴き手はこの場合、相づちや伝え返しはしますが、ガイド的な提案はしません。（4－8など）
　　④聴き手に介入や提案をしてもらいながら行なうフォーカシング（リスナー＋ガイド）（4－9、5－3など）
　　⑤インタラクティブ・フォーカシングやホールボディ・フォーカシング（6－2、6－10）
　　⑥カウンセリングやセラピーに自然に導入する（フォーカシング指向心理療法）

2) 進め方から見たフォーカシングのいろいろ
　　①問題や気がかりからスタートし、それにともなうフェルトセンスを確かめます。
　　　例「あの仕事の何がこんなにイヤなんだろう。考えるとどんな感じになるのだろう？」
　　②フェルトセンスが先にあり、それにゆっくり触れていくことで、状況や生活

との関連や新たな意味をみつけていきます。
　例「ずっと胸のつかえが取れない」「あの人に会うと胸がキュッとなる」
③普通に語りながら、そのことばや表現でぴったりなのか、十分言い尽くせているのか、内側の感じで確かめてみます。「ていうか…」の「…」に注意を向け、新たなことば、イメージをみつけていきます。

3) フェルトセンスの4つの側面

　フォーカシングでは直接感じられるからだの感じを一番大切にしますが、からだの内側に注意を向けたときそこにあるもの、出てきたものはどれも大事に扱います。すでにはっきりしている感情、イメージ、気になることがらなど、今そこで感じているものをていねいに扱わなければ、そこに含まれている「もっと何か…」「さらに奥」には進むことができません。

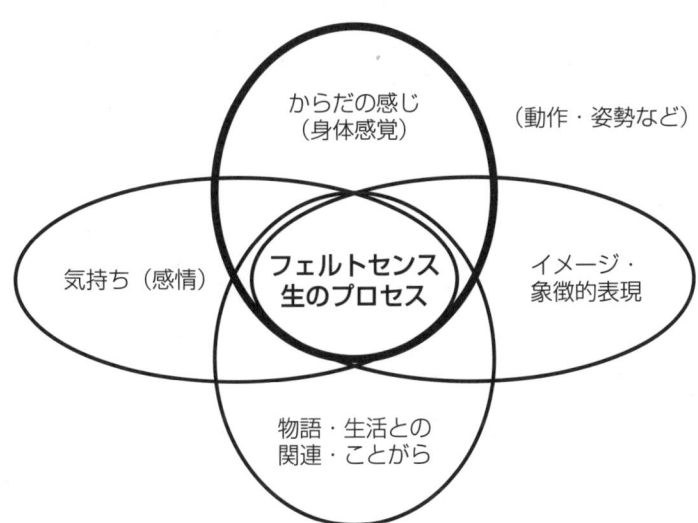

1-4 そこに人がいる、ということ Presence

池見 陽

　　ジェンドリンがフォーカシングについて書いているものの中から、私が好きなところをいくつか紹介してみましょう。

私が言わなければならない、もっとも大切なことから始めよう。
すなわち、人とワークすることの本質は、
生きている存在として
そこにいること (to be present) です。
そして、これは幸運なことなのです。なぜなら、
もしも私たちが頭がいいとか、善良であるとか、
成熟しているとか、賢明でなければならないのなら
私たちはおそらく困ってしまうでしょう。
しかし、重要なことはそれらではありません。
重要なことは
別の人間と共にいる人間であること…

　　同じ論文の中に、次のような下りもあります。
フォーカシングであれ、リフレクションであれ、他のものであれ、
二人の間に挟み込んではならないのです。
それを挟み込みとして使ってはならないのです…。
武装している感じになってくる…
それらを除けなさい。
クライエントがもっているくらいの勇気はもてるでしょう。
もしもそうでなければ、
こんなにいろいろなものをもっていて、
恥ずかしくなるでしょう。
もしも相手が私を見るように、
私が相手を見れないのなら…。

ジェンドリン, E. 著「セラピープロセスの小さな一歩」より

もっとも大切なことは相手とともにいる人間であること、と書いてありますし、また「フォーカシング指向心理療法（下）」では、セラピーをやっていく上でもっとも大切なのはプレゼンス、第2がリスニング、そしてフォーカシングは3番目だと書いてあります。プレゼンス、すなわち「人間としてそこにいること」はたいへん重要なことなのですが、それはフォーカシングの方法ではないようです。それでは、それはいったいどのようなことなのでしょうか。

　もう一つ、私が好きなジェンドリンの表現があります。それは"The Person Behind the Gaze"（瞳の奥のあなた）という彼の表現です。これも「フォーカシング指向心理療法（下）」に登場します。クライエントは表面的には無愛想であったり、寡黙であったりするかもしれませんが、瞳の奥には、生きようとしている人間がいる、ということをイメージして、相手とともにいることです。

　実はフェルトセンスは、誰かが聴いてくれるから感じられるものなのです。そして、その誰かの存在によって、感じられてくる内容までもがかわってくるのです。これは体験過程理論では「再構成化」（reconstituting）といいます。あなたがいるからこそ、相手の中に何かが再構成化されてくるのです。技法の対象として見ている相手と、「その瞳の奥に生きようとしている人間がいる」とイメージして見ている相手とでは、相手の中に異なったフェルトセンスが感じられてくるでしょう。

　さて、私は最近こんなことを考えています。それは「理論は人が生きることについてであるが、生きることは理論についてではない」ということです。確かに、理論は部分的に生きることを説明することができ、それらはたいへん有益です。しかし、生きていることを理論に還元することはできません。たとえば、最近の薬理学の進歩で脳内物質のことがいろいろ分かってきたことは、新しい向精神薬の開発にもつながり、とても有益です。しかし、だからといって、人が生きていることのすべてが化学反応の連鎖である、とはいえないのです。

　そして、この還元できない「生きる、ということ」について、ジェンドリンの文献や彼とのやりとりを通して、私は最近、それは正にフェルトセンスであると思うようになってきました。フェルトセンスは「生きている」という実感なのだ、と。ある仕事を思い出すと「岩のようなゴツゴツを胸に感じている」というときは、その人は「岩のようにゴツゴツ」した仕事を生きているのです。そして、暗黙に、「少しでもゴツゴツしない仕事の生き方」への願いがそこに含まれています。どんなフェルトセンスも、その状況を生きているあり様を表出していますし、それを、さらに

どう生きたらいいのかを暗示しているのです。いつもこんな例を挙げていますが、「空腹」を感じるということは、空腹のうちに生きている、ということであるばかりか、それは「何かを食しなさい」という次なるものへの方向性を示しているのです。感じることは過程としての体験（体験過程）の一局面、あるいは生きるという過程の一局面で、方向性を投げかけているのです。

　私たちが生きていることは理論に還元して説明してしまうことはできません。相手とともにいるときに、相手を理論に還元しようとして、頭の中で説明概念を駆けめぐらせるのではなく、また、相手をフォーカシングという技法の対象者として、どう操作しようかと、頭の中で技法を駆けめぐらせるものでもありません。瞳の奥に生きている相手の生きる過程が自らの方向性や自らの生を開示する瞬間を、ともに生きているのです。

参考文献

Gendlin, E. T. 1996　Focusing-Oriented Psychotherapy: A Manual of the Experiential Method. Guilford Press.
（村瀬孝雄・池見　陽・日笠摩子訳　1999「フォーカシング指向心理療法（下）」金剛出版）
ユージン・ジェンドリン・池見　陽　1999「セラピープロセスの小さな一歩」
　池見　陽、村瀬孝雄訳　金剛出版

第2章
フェルトセンス実習

フォーカシング・ワークブック
©2005 日精研心理臨床センター

2-1 自分の安全と場の安全を守るために

近田 輝行

1. 概要

　ワークショップやグループで実習する際、その場が安全でなければ、私たちはそれぞれ自分の内側に注意を向け、からだの感じに触れ、そこから新たな意味を見いだす体験をすることはできません。また、参加者どうしが信頼と開かれた心で関わるためにも、場が安全であることが必要です。そのような安全・安心感は参加者ひとりひとりが作り上げるものです。そのための心得を以下に記します。

■自分の安全のために■

1）自分がこの場で感じていることを大切にしてください。個人セッションでもグループでの体験でも、やりたくないときはパスしましょう。「今はしたくありません」ときちんと断り、参加しないで見ていることも大切です。
2）他の人にリスナーをしてもらってフォーカシングをしているときに、必要のない提案は断り、他のことが必要だと感じたら、それをそのまま相手に伝えましょう。その方がフォーカシングはうまくいきます。

■場の安全のために■

3）フォーカシングのプロセスを学ぶ場です。内容自体へのアドバイスや詮索はしないように。また、他の人のフォーカシングを解釈したり、評価したりするのも禁止です。
4）フォーカシングの中で起こったことを、グループ以外の人に話す場合には、ご自分の体験やフォーカシングのプロセスに関することだけにしてください。けっして、他の人のプロセスや内容について話さないでください。
5）フォーカシングの内容に対する批判はしないのは当然ですが、やり方についての批判もしないようにしましょう。初めてのことを習う場合はうまくいかないのが当然です。自分の失敗にも周りの人の失敗にも寛容でいましょう。

■体験から■

6）ワークショップ全体を通して、コメントや感想はこの場での体験、内側の感じから言葉にするようにしましょう。

参考文献
CREATING A SAFE PLACE AT THIS CONFERENCE　第10回国際フォーカシング会議1998資料

NOTES

2-2 からだの感じ

近田 輝行

1. 概要

フォーカシング実習の第一歩です。ひとりで行なうフォーカシングから、大人数での全体実習まで使えます。単純な実習ですが、ほんの短い時間でも自分のからだの感じをじっくりと感じてみるというのは、案外まれな体験です。そこで意外な感覚、痛みや違和感をみつけることもあれば、逆に心地よさを発見するなど、時には新鮮な体験ができます。（所要時間数分から10分）

2. 対象

青年から成人

3. 目的

からだ、およびからだの内側に注意を向けると、外側に意識が向いていたときとは違って、微妙な感じがあることに気づきます。さらにその感覚は触れ続けることによって変化したり、消えたりすること、時にはイメージが出てきたりすることを体験します。ワークショップの導入時には準備運動的な意味があります。

4. 教示の実際

1) はじめに、からだが動きたいように動かして、背伸びをしましょう。
   次に、吐く息に注意を向けながらゆっくり深呼吸しましょう。（必要に応じて）

2) これから○○分（場面に応じて）くらい、からだの感じに注意を向けてみますが、目は閉じても、開けたままでもどちらでもかまいません。眠くなりそうな方は目を開けておいた方がいいかもしれません。

3) はじめ手に注意を向けてみましょう。手のひらを感じてみて、どうでしょうか。左右で違うかもしれませんね。動かしてもかまいません。ちょっとジーンとしているとか、重いとか、ちょっと温かいとか、なんでもいいです。感じた方は、とりあえず今こんな感じがあるんだな〜って、そのまま認めておいてください。フォーカシングでは理由づけや説明することはしないで、まずはそのまま受けとめます。何も感じない方は、特に今なんにもないな〜って分かっていればいいです。

4) 次に腕、肩、首はどうでしょうか。

5) 首から上も見てみましょうか。頭の外側、内側。頭はボーっとしていることもあれば、すっきりしていることもありますよね。今日はどうでしょうか。

6) また、下の方にもどってイスに触れている背中、腰、こうやって順番に進んでいる間に、どこか別の場所や気になる何かが出てきた場合は、それを否定しないで、出てきた感じ、気になる感じに注意を向けてかまいません。

2　2

7) 足はどうですか。床に触れている部分、ひざ、もも、足全体。ちゃんとここにいる、っていう感じはしますか。

　　　　　　　　　　　　　　　　　　　　　　　　　　
　　　　　　　　　　　　　　　　　　　　　　　　　　
　　　　　　　　　　　　　　　　　　　　　　　　　　
　　　　　　　　　　　　　　　　　　　　　　　　　　

8) 次に、だんだんと注意をからだの内側に向けていきましょう。
　　のど、胸、おなかのあたりに注意を向けると、そこにはどんな感じがあるでしょうか。ちょっと時間をとってみましょう。今、注意を向けてもらいたがっている何かがあるのかな〜って問いかけてみてもいいかもしれませんね。
　　内側に注意を向けると、そこにあるものはからだの感じかもしれないし、イメージや特定の感情かもしれません。何か気がかりが顔をだすこともあります。どれも否定はしないで、ああ、今こんなイメージや気がかりが出てくるんだね、ってそのまま認めましょう。

　　　　　　　　　　　　　　　　　　　　　　　　　　
　　　　　　　　　　　　　　　　　　　　　　　　　　
　　　　　　　　　　　　　　　　　　　　　　　　　　
　　　　　　　　　　　　　　　　　　　　　　　　　　

9) （時間が来たら）気づいた感じ、出てきたイメージなど、そのまま分かっておいて、ゆっくり自分のペースで終わりにしてください。

5. ふりかえり・簡単な解説

　ていねいにからだに注意を向けると、微妙な感じに気づき、しかもそれは変化していることを体験するのが第一の目的です。頭で考えていた、自分が思っていたのとは違った感じがあったのではないでしょうか。からだの感じを味わうと、リラックスできることも多く、さまざまなワークに入る際の準備的にも使うことができます。この部分だけだと自律訓練法やリラクゼーションに近いのですが、フォーカシングの目的はリラックス自体ではなく、からだの感じを確かめることで、自分にとっての意味を探ることです。

6. 注意事項・配慮すべき点

　時間しだいで、数分で簡単に行なうこともあれば、10分以上ていねいに時間をかけることもあります。人によって体験はいろいろです。十分なリラックスや新鮮な体験ができる場合もあれば、ほとんど何も感じることができない場合もあります。感じることができ、変化があったのがよくて、感じられなかったのがよくないのではなく、感じすぎる場合も、感じにくい場合もあって当然で、どちらにしても今の自分の状態を分かり、それを認めながら、自分にとってこれからどんな風に自分の感じとつきあっていけそうなのか確かめる導入的意味をもたせることが大事です。気が散って集中できなかったのであれば、今ここではそういう状態である自分を分かっておけばいいのです。

7. 発展や応用

　ワークショップの導入で、からだの内側に触れながら、期待や希望を問いかけたり、今この場で感じていることで、言葉にできることを確かめた後、自己紹介をすることもあります。ふりかえりや終わりの時間でも同様に、ていねいに感じを確かめながら言葉にする際のガイドとして使うこともできます。

近づく実習 I

日笠 摩子

1. 概要

「近づく実習 I」は、人がだんだんと自分に近づいてくるという状況で、「今、ここで」のフェルトセンスを感じる実習です。人との距離関係は、特にからだの反応を引き起こしやすい刺激です。それを利用して、フェルトセンスがどのように起こるかを直接的に体験しましょう。

フォーカシングへの導入として、楽しみながらフェルトセンスに気づくためにも、グループの関係作りのウォーミングアップとしても、役立ちます。また、フェルトセンスが感じにくい人にも実感しやすい実習です。（所要時間10分から20分）

2. 対象

フォーカシングの入門ワークショップや講義で、はじめてフォーカシングに触れる人たちが、フェルトセンスという概念を理解するために役立つ実習です。年齢を問わず楽しく取り組めます。

3. 目標

基本の目標は、1）今ここでの人との距離のフェルトセンスを感じること、と、2）私たちが、周りの状況についてフェルトセンスを持っていることを自覚すること、です。

加えて、3）フェルトセンスが単に精神内界的なものではなく、状況の中で起こることを理解すること、4）フェルトセンスをグループ内で言語化することを通して、フェルトセンス自体やその表現が人それぞれ多様であることに気づくためにも使えます。

4. 教示の実際

1) 場所の設定：3メートルほど離れて立ち、徐々に近づける場所を確保します。
2) 2人ずつ組みになり、お互い3メートル程度離れて立ってください。（親しすぎない方と組むよう工夫します。）
3) お互いに目を合わせた状態で、A（近づく方）がB（待っている方）に近づきます。
4) Bは注意を自分のからだの内側、喉からお腹のあたりまでに向けたまま、ただ待っています。Aが近づくに従ってからだにどんな反応が起こるかそのまま感じていてください。
5) Bが「これ以上近づかれたくない」と思ったら、言葉や身振りでAを止めましょう。
6) Aが近づくにつれてBのからだの感じにどのような変化が起こったでしょう。特にストップをかける直前のからだの反応を言葉にしてみましょう。

　　　_____
　　　_____
　　　_____
　　　_____

7) Aはどのような体験だったでしょうか。

　　　_____
　　　_____
　　　_____
　　　_____

8) 役割を交替して上記の体験をくり返しましょう。
9) 2人で、そして、グループ全体で、相手との距離に応じて起こるからだの感じを分かちあいましょう。

　　　_____
　　　_____
　　　_____
　　　_____

フォーカシング・ワークブック
©2005 日精研心理臨床センター

5. ふりかえり・かんたんな解説

「ウッとなった」「身体中が固くなった」「とっさに手が出てしまった」など、さまざまな反応が報告されます。それがフェルトセンス、その場でのその人との距離や関係に関するフェルトセンスです。私たちは日々意識しないながら、そのようなフェルトセンスを感じ、人との距離を調節しています。人との距離に応じて起こるフェルトセンスの様相も多様ですが、人との快適な距離感、境界の広さも人それぞれ異なります。フォーカシングにおいては、自分の安全を守るために自分の境界を守ることや、相手の境界を尊重し侵入しないようにすることが大切です。

6. 注意事項・配慮すべき点

人との距離が近すぎると不快感が起こることを感じる実習ですが、不快感を感じない人もいます。

親しい関係では、接触するまで近づいても不快感が起こらないこともあるので、組み合わせを配慮するとよいでしょう。また、誰に対してもどこまでも近づく人、社会的なルールや頭で考えたところで止まる人などフェルトセンスを実感しにくい人もいます。

それぞれの感じ方を尊重し、安全を守ることの大切さやフェルトセンスを感じるためには練習が必要な人もいることを確認しておきましょう。

7. 発展や応用、バリエーション

　フォーカシング体験学習の準備として、グループの雰囲気作り、関係作りの一歩として役立ちます。また、実際にからだを動かすことでリラックスできます。内面に深く触れず、相手との距離感について話すので、知らない人とも安心して楽しくできます。ワークショップの始まりに取り入れるとよいでしょう。

　ここで紹介したやり方には広い空間が必要ですが、自由に動けない場合もあります。そのような場合は、立って近づくのではなく、隣の人の顔の前に、手を近づけるという形でも実施できます。

参考文献

Klein, J. 1995 Empathic Felt Sense Listening and Focusing. The Focusing Institute.

NOTES

2-4 嫌いな人・好きな人

日笠 摩子

1. 概要

フェルトセンスを体験するための実習です。対照的な人を思い浮かべそれぞれの人に対して出てくる自分のからだの反応を観察します。近づく実習Ⅰは、「今ここ」の状況に対するフェルトセンスを感じる実習でしたが、嫌いな人・好きな人の実習は、今ここにはない、過去の人やことがらについてもフェルトセンスが呼び起こされることを体験するためのものです。（所要時間10分から20分）

2. 対象

フォーカシング初心者。全体教示で座ったまま体験できるので、入門的体験実習として大人数の場でも取り入れやすいものです。目の前にいない人を思い出す必要があり、また、わざわざ嫌いな人というストレスのかかるテーマを持ち出す実習ですから、年齢的には青年期以降の人の方がふさわしいでしょう。

3. 目標

過去の記憶やイメージからもフェルトセンスが誘い出されることを体験します。フェルトセンスを実感しにくい人にとっては、嫌いな人・好きな人という対照的で刺激的な対象によって、からだの感じが異なることだけでも体験できるとよいでしょう。微妙なフェルトセンスを感じ取れる人には、フェルトセンスを実感し表現する練習にもなります。

4. 教示の実際

　この実習は、気になることがらや出来事を思い出してフェルトセンスが感じられるかどうかを試してみる実習です。フェルトセンスは感じますが、そこから深くフォーカシングに入ることはせず、軽く取り組みましょう。嫌いな人と好きな人を具体的にひとりずつ思って、それぞれの人への感じ方を比較します。

1）嫌いな人

①まず、嫌いな人から始めます。名前を挙げる必要はありません。嫌いな人をひとり思い浮かべてください。怒られて嫌な思いをした人でも苦手な人でもかまいません。ひとりだけ選んでください。

②その人のイメージを浮かべましょう。その人の名前やその人に言われた言葉をくり返してもいいかもしれません。あるいは、その人と一緒にいる場面や、その人との気まずい出来事を思い出してもいいでしょう。

③その人全体を感じながら、自分のからだ、特にのどや胸やおなかのあたり、に注意を向けましょう。そこはどんな感じでしょうか。

④からだの感じが浮かんでくるのをゆっくり待ちましょう。そして、感じが浮かんだら、それを言葉で表現してみましょう。そして、自分に「そうか、そんな風に感じているんだな」と分かっておきましょう。

⑤そして、深呼吸とともにその感じをその人とともに脇に置きましょう。まだ不快な感じが残るなら、それほど不快な思いをしていた自分をやさしくいたわりましょう。

2) 好きな人

①自分に「自分は誰が好きかな」と問いかけます。誰でもかまいません、誰かが浮かんだら、その人のことをそのまま思っていてください。

②その人と一緒の場面を思い出したり、その人のイメージを眺めていてください。

③感じ自体は人によってさまざまですが、おそらくいい感じでしょう。いい感じは十分に味わいましょう。

④その感じ全体はどう表現できるでしょうか。その人のことを私は……と感じていると言葉にしておきましょう。

```
_____
_____
_____
_____
```

⑤その感じが心地よかったら、それをそのまま感じつつ実習を終えましょう。

3) 比較と分かちあい

①嫌いな人と好きな人のフェルトセンスを比較して、その違いを確認しましょう。

```
_____
_____
_____
_____
```

②（省略可）小グループであればその輪の中で、人数が多い場合には隣どうしで、体験を話しておきましょう。（1人せいぜい1分程度）

```
_____
_____
_____
_____
```

5. ふりかえり・かんたんな解説

　ここで分かっていただきたいのは、何かを思い浮かべることでフェルトセンスが感じられることと、思い浮かべた対象によってフェルトセンスは異なるということです。

　嫌いな人に対する否定的な気持ちであっても、大切に扱い、置いておくことというフォーカシング的態度の体験もできるといいですね。また、好きな人に対して感じる安心感は、内的な作業の前提として大切なものです。

6. 注意事項・配慮すべき点

　「人」はフェルトセンスを引き起こすには強い刺激です。特に嫌いな人は、時に刺激的すぎることもあります。また、好きな人も、切なく苦しい恋の相手であったりすると、かえってつらい場合もあります。

　安全を優先する、つまり、嫌な気持ちになることをできるだけ避けたい場合には、人ではなく、場所やものを思い浮かべた方がいいかもしれません。もちろん、好悪の対照的な2つを取り上げた方がフェルトセンスの違いは感じ取りやすいでしょう。

　順番としては、安心感をもって肯定的な感じをからだに残したまま実習を終えることができるよう、好きな対象を後に取り上げてください。

7. 発展や応用、バリエーション

　心理臨床家や援助職にある人の場合、気になるクライエントさんを思ってみるのも一法です。思い出すだけではフェルトセンスが出てこない場合には、そのクライエントさんと会っているときや会う直前直後に、自分がからだでどう感じているか確かめてみてはいかがでしょう。

参考文献

日笠摩子　2003「セラピストのためのフォーカシング入門」金剛出版

2-5 森の小動物

山田 絵理香

1. 概要

　フォーカシング的な態度を実感してもらうために大変有効な実習です。アン・ワイザー・コーネルが考案、1999年3月フォーカシング・プロジェクト主催の「フォーカシング・ワークショップ・イン・東京（中級）」のテキストに「森かげから怖がりの生き物がこちらをうかがっています（The Shy Animal at the Edge of the Woods）」として収録されました。（所要時間10分程度）

2. 対象

　フォーカシングを学ぼうとしている方全般に対し、集団および個別で実施可能です。

3. 目標

　実際のフォーカシング・セッションでフェルトセンスとつきあう際の手がかりとなります。怖がってかくれてしまいそうな微妙な感覚にやさしい気持ちを向けてみます。どのような態度でいると、まだはっきりしないあいまいで微妙な感覚とともにいることができるでしょうか。つきあえるでしょうか。フォーカシングの基本であるあいまいなものをそのまま認めていく態度を実感することが目標です。

4. 教示の実際

　体験者はまず自分の内側に注意を向けられるよう、静かな時間をとり、座り方や居心地などを確かめます。準備が整ったら、インストラクションに従い、森の中にいる小さな動物をイメージし、怖がっている小動物に対し、どのような態度で接すると相手はこちらを怖がらずにいられるか、イメージを用いていろいろと工夫します。

　あなたが森のはずれにいたら
　森の中に小さな生き物が見えます。
　目とぼんやりした形は見えますが、それが何だかわかりません。
　その生き物は危険ではないし、あなたは怖くはありません。
　でも、その小さな生き物はあなたを怖がっています。

（どんな生き物でしょうか）
_____
_____

　さぁ、
　その生き物が怖がらないようになるには、どう振る舞ったらいいでしょう。
　あなたはどんな感じがしていますか。
　その生き物に話しかけるとしたら、どんな感じがいいでしょう。

_____
_____
_____

　やがて、あなたはその生き物がもっとよく見えるようになります。
　それはちっちゃな犬とか猫とか、ペットだとわかります。
　そして、怪我をしているのがわかります。
　さぁ、
　どんな感じがしますか。

_____
_____

（訳：大澤美枝子、木田満里代）

5. ふりかえり・かんたんな解説

　意識的な自分が森にいる自分で、あいまいで微妙なフェルトセンスが森の小動物です。この実習で体験者はイメージ豊かなフェルトセンスとのつきあい方を体験します。そして、そのつきあい方や態度は、実感をともなったイメージであるため、実際にセッションの中でも活かしやすいようです。

6. 注意事項・配慮すべき点

　イメージを用いた実習が苦手の方もいます。フォーカシング実習の導入として行なうことも多いため、この実習ができなかったからといってフォーカシングに向かないわけではないことを伝えるといいでしょう。うまくイメージやつきあい方の工夫ができなかった方がいた場合、あるいは集団で行なった場合には、シェアリングを行なうことでさまざまなつきあい方の工夫を共有することができます。

参考文献

Cornell, A.W.　1996　The Power of Focusing. New Harbinger Publications, Inc.
　（大澤美枝子・日笠摩子訳　1999「やさしいフォーカシング」コスモス・ライブラリー）
Cornell, A.W.　1999　Focusing Resources
フォーカシング・プロジェクト　1999「フォーカシング・ワークショップ・イン・東京（中級）」非売品
日笠摩子　2003　「セラピストのためのフォーカシング入門」金剛出版

NOTES

第3章
クリアリング・ア・スペース 実習

3-1 クリアリング・ア・スペースについて

近田 輝行

1. 概要

クリアリング・ア・スペースとは

　クリアリング・ア・スペースはもともと、ジェンドリンの6ステップ（4-5）の第1ステップで、「すっきりとした空間づくり」、気がかりから「間をとる」「距離をおく」方法とも言われています。気がかりを並べ、その中からひとつを選び、からだで感じていくのですが、クリアリング・ア・スペースを行なってただ並べ、イメージの中で距離をとって置いておくだけで、ほっとして楽になったり問題に対する感じ方が変わったりすることがあります。

　集団で実施する場合や、子どもたちに実施する場合には、本書で紹介しているような、紙に描きながら進める（3-5）などの工夫をすることで、より安全な距離をとりやすくなります。クリアリング・ア・スペースは内容を話さなくてもいい、触れたくなければ触れなくてもいいというフォーカシングの安全さが活かされたやさしい効果的な方法です。

2.「間」をとることの意味

　クリアリング・ア・スペースの体験はいろいろです。ぴったりな場所に置くことができ、距離がとれたと感じること自体、雰囲気や感じに触れていることになり、その場合、ゆっくり感じにつきあうフォーカシングに近いことが生じます。一方それほど感じをともなわないで、頭で並べる作業に近いことを行なっていることもあります。

その場合は、気持ちに触れていくための準備段階的な意味をもつかもしれません。あるいはとりあえず列挙することで、深く触れないでいられることに意味があるかもしれません。

　クリアリング・ア・スペースは「間」をとるのであっても「それ」を認めることは、ジェンドリンが強調した「直接照合」を行なうことになり、体験過程が推進され、再体制化の過程が生じるのだと考えられます。吉良（2002）は「主体感覚の賦活」、またコーネルは脱同一化（disidentification）という言葉で説明しています。問題に巻き込まれて「問題＝自分」（identification、問題との同一化）になっている状態から、問題と、それを感じている主体としての自分を区別することで「自分の中に問題がある」「問題の部分もある」に変わり、主体としての自分の感覚が活性化され、前向きな変化が生じると考えられるのです。

内側との関係の3つのタイプ

identification	disidentification association	dissociation
私は悲しい 私＝悲しさ	私の一部は悲しい 私には悲しさを感じている部分がある 私はここ、悲しさはそこ	私は悲しくない

参考文献

近田輝行　2002「フォーカシングで身につけるカウンセリングの基本」コスモス・ライブラリー
吉良安之　2002「主体感覚とその賦活化」九州大学出版会

3-2 イメージを使ったこころの整理

近田 輝行

1. 概要

　イメージを使って気がかりから間をとる方法は、クリアリング・ア・スペースの基本です。イメージの中で、気がかりや問題を「置く」「並べる」という作業をします。（所要時間10分から15分程度）（1対1のセッションでじっくり時間をかけて行なうことも可能）

2. 対象

　青年から成人

3. 目標

　イメージの中で気がかりと間をとることで起こるからだの感じや感情の変化を実感します。

4. 教示の実際

1) 「最近どんなことが気になっているかな」と自分の内面に向かってやさしくたずねてみて、気になっていることをいくつか思い浮かべてください。
2) 気になっていることが浮かんできたら「自分はこういうことが気になっているね」とひとつひとつていねいに認めてください。「こんなのたいしたことない」というように否定しないでください。また逆に深く入り込んだりもしないで、「こんなことがあるね」とやさしく認めて、その気がかりに「〜のこと」など名前やラベルをつけておきましょう。
3) 次に気がかりにともなう雰囲気や感じをちょっと確かめて、その問題と感じにあっ

た置き場所をイメージしてみましょう。ここならぴったり、安心という場所が自然に浮かんでくるといいのですが、並べておくのでも、しまっておくのでもいいです。たとえば、机の引き出しでもいいですし、箱に入れておくのでもいいです。気がかりが人のことだったら、その人にふさわしい場所があるかもしれませんね。どこかの部屋でも、あるいは遠くの山や海岸でもいいかもしれません。

4) ひとつひとつの気がかりについて、同じようにイメージの中で置く作業をしてください。収まりが悪かったり、すっきりしなかったりするようだったら、場所を変えてみましょう。

5) ひとつひとつの気がかりについて同じ作業をして、いくつか置いておくことができたら、他にはもうないかどうか確かめてみて、まだ何かあるようだったら同じ作業をくり返してください。

NOTES

> <以下集団で実施する場合に必要な教示>
> ●置けない人への配慮
> 　「置くとか並べるとかイメージできない方もいるかもしれません。その場合は、こんな気がかりがあるねとただ認めておくだけでいいです。ノートにメモしておくのでもいいです。」
> ●早めに終わってしまった人への配慮
> 　「もう全部置くことができて、他に何にもないというところまで進んだ方は、気がかりからちょっと距離をとった今のからだの感じを味わってみてください。ひとつひとつその場所で大丈夫かどうか、感じを味わってみましょう。置き場所を変えてみたり動かしてもいいです。」
> ●終われない人への配慮
> 　「あと〜分くらいで終わりにします。まだ置けない、まだたくさんありそうな方は、それをひとまとめにして、とりあえず袋に入れておいたり、あるいは、ノートにメモしておくのでもいいです。その気がかりについて、今は置くとか並べるとかできない状態なんだなって分かっておくのでもいいです。」

5. ふりかえり・簡単な解説

　集団で実施する場合には、置く、間をとる、という作業が、必ずしも簡単にできるものではないということを前提としてふりかえりに入ります。できたかできなかったか、できた場合は、どんな置き方ができたのか、やってみてどんな感じがしたか、何か気づいたことはあるか、などを2人以上のグループでシェアすることもあります。この場合、イメージを使った作業が終わってすぐの状態で「今はまだ話したくない」あるいはまだ言葉にしない方がよさそうということもあり、話したい、紹介したいと感じる人だけが話すことにします。また、プロセスや置き方についての紹介であって、内容には触れないのはフォーカシング実習の基本原則（練習セッションの基本ルール（4-3））の通りです。

6. 注意事項・配慮すべき点

　誰でもイメージできるわけではありません。イメージは役に立ちますが、必ずしもフォーカシングの必須条件ではありません。フタをしている問題には触れたくない人もいるでしょう。触れたくない問題に触れてしまってその場では収まりがつかなくなってしまうことも起こりうることに十分配慮してください。大集団や、年齢が低い場合には、紙に描きながらの方法（3－5）や箱イメージ法（3－4）などの方が実施しやすいでしょう。

参考文献

Gendlin, E.T. 1978　Focusing (first edition). New York : Everest House.
　（村山・都留・村瀬訳　1982「フォーカシング」福村出版）
池見　陽　1995「こころのメッセージを聴く」講談社現代新書

NOTES

3-3 こころの天気

土江 正司

1. 概要

　心の様子を天気で言い表したり、用紙に描いたりする方法です。天気は私たちにとって非常に身近であり、また天気を表現する用語は多彩なので、子どもにも簡単に導入できます。描画によって気持ちがすっきりすることもあり、セルフフォーカシングとしても有効です。（所要時間15分程度）

2. 対象

　小学生から大人まで。フォーカシング経験の有無を問いません。

3. 目標

　自己の内面に触れることになじみ、ぴったりな感じを無理なく表現します。

4. 教示の実際

1) Ａ５の紙と色鉛筆を用意し、好きな色で適当な大きさに枠取りします。その枠の中にこれからあなたのこころの天気を描きます。
2) 楽に座って首や肩の力を抜きます。目をつむって、ふうーっとゆっくり息を吐きましょう。ゆったり呼吸しながら身体の緊張を緩めていきます。
3) 緊張が緩んできたら胸の辺りを感じながら、こんなふうに自分に優しく問いかけてみてください。「自分の心は今、スカッと晴れているかなぁ、それともどんより曇っているかな。」
4) 感じがつかめたら用紙に色鉛筆で描き始めます。天気だけではなくて景色が出てきたり、ただ何色かで塗りつぶしたくなったとしても、もちろんそれでＯＫです。晴

れが善くて、雨が悪い、というようなことを考える必要はありません。感じるままに描いてください。上手下手ももちろん関係ありません。

5）描き終わったら、描いたものをもう一度眺めてみて、自分の心をぴったり表現できているかどうか、照らし合わせてみてください。何かが足りないとか、ちょっと違うなと感じたら、描き加えたり修正してください。紙をもう1枚使われてもいいです。

6）終わったら余白や裏にこの絵の題名と、描いてみて気づいたことや感想を書きましょう。

5. ふりかえり・かんたんな解説

　色鉛筆の用意がないときは鉛筆やボールペンでもOKです。枠取りをするのは、心を表現するのにその方が安全だからです。こころの天気を描き終わってから修正を加えたり、用紙の余白に題名と気づきや感想を書くことにより、フォーカシングのプロセスが一段と進みます。

6. 注意事項・配慮すべき点

　グループセッションで行なう場合、描いたこころの天気をメンバーにシェアしてみましょう。その際リーダーはリフレクションをしてあげます。

7. 発展や応用、バリエーション

　学校で子どもに対して定期的に行なうと、子どもの心の状態を把握する上で役立ちます。また子どもにいろいろな肯定的変化が見られます。

参考文献

土江正司　2003　子どもが生きるカウンセリング技法　―フォーカシング―　児童心理、4月号　臨時増刊
土江正司　2005　心の天気　―体験過程の象徴化―　伊藤義美編著　「フォーカシングの展開」ナカニシヤ出版

3-3

今のお天気をどうぞ描いてみてください

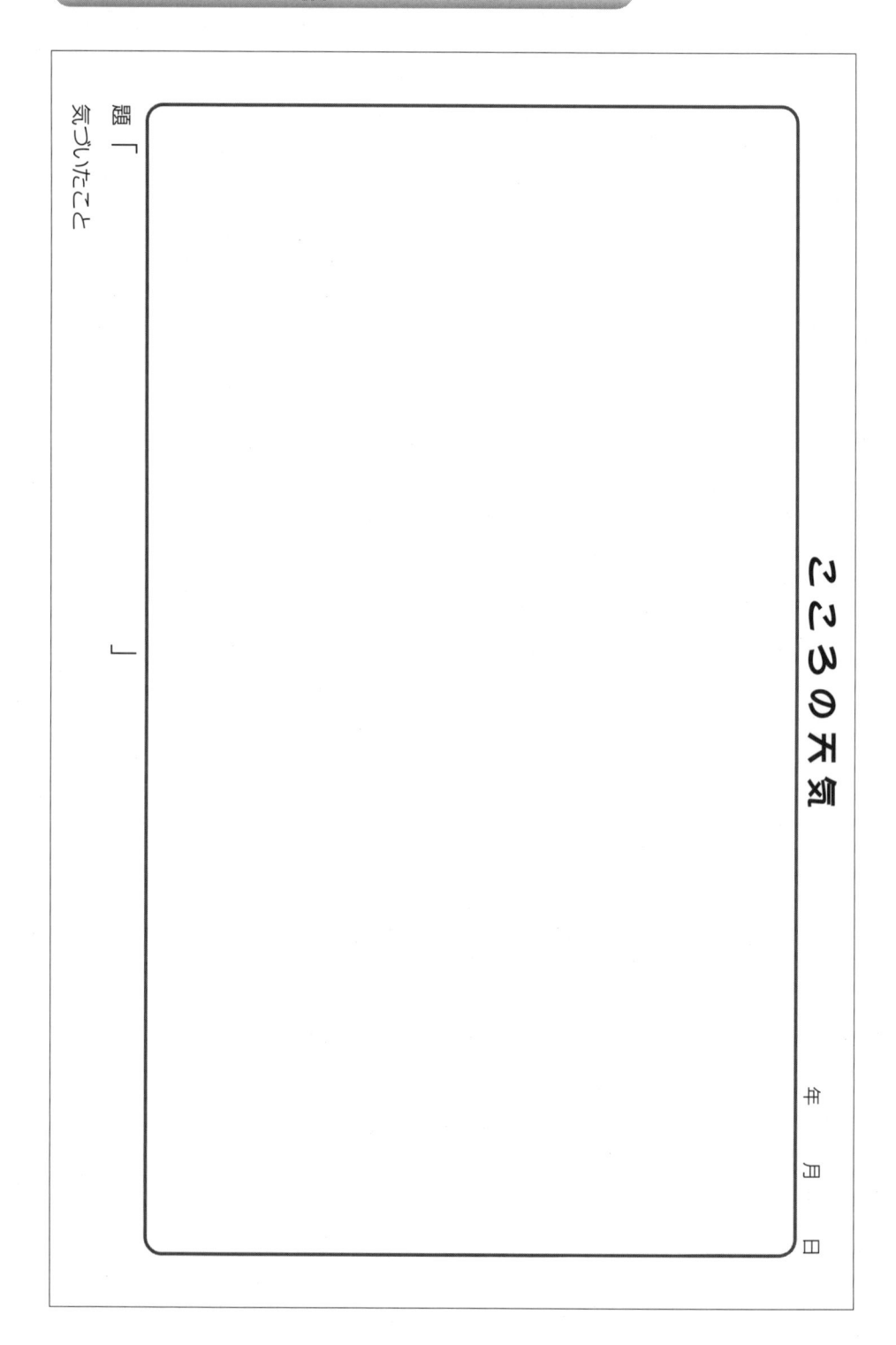

題「　　　　　　　　　　　　　　　　　　」

気づいたこと

こころの天気

年　月　日

NOTES

3-4 箱イメージ法

妹尾 光男

1. 概要

　一見健康そうに見える子どももこころの中にはさまざまな問題を抱えており、また、どの子もいじめや不登校といった問題の渦中に巻き込まれても不思議ではないと、小学校の教員をしていて実感します。学校現場で今求められているのは、問題行動をもつ子どもへのかかわりのみならず、「開発的教育相談」、すなわち、本当の意味で健康なこころを育てていくかかわり、問題が行動化される前に自分なりの対処法や問題解決力を育てるかかわりではないかと考えます。子どもたちの問題の感じ方や処理する力（自己治癒力）を高めるために学級全員に対して行なえる箱イメージ法が有効であります（池見他、1997）。ここでは実際に学校現場などで一斉に行なうことができる箱イメージ法を紹介します。

2. 対象

　小学校1年生くらいから広く大人の人々まで。学校現場はもちろん、その他集団全般及び個人に対して実施可能です。

3. 目標

　乱雑になったこころの中の問題や、何かはっきりしないもやもやした感じに気づき、それを整理していくこと。すっきりとし、他のことを考えるこころの余裕を作ること。

4. 教示の実際

　今日はみなさんのこころに浮かんだことをいろいろ出して、気持ちの整理をしましょう。今からすることは、テストや検査ではありません。楽な気持ちでやってください。今配っている用紙は、箱が4つ描いてありますね。その箱の中に今からいろいろ入れていきます。では、始めます。

1）軽く目を閉じて、楽にしてください。
　　机にふせた方がいい人は、ふせてもいいですよ。（間をとる）
　　楽になりましたか。
　　今、ひざのあたりは、どんな感じですか。（間）
　　今、おなかのあたりは、どんな感じですか。（間）

2）では、自分のことをふりかえって、気になっていることや困っていることはないかなあと考えてみてください。
　　何か浮かんできましたか。
　　浮かんできた人は、えんぴつを持って、1番の箱に書きましょう。
　　人に知られたくないこと、書きたくないことは書かなくてよいですが、書いたつもりで次へ進んでいきましょう。
　　書いたことでふたをしたほうがいい人は、ふたをしてもいいですよ。
　　書いたつもりの人もふたはしてもよいです。
　　書き終わったら、また目を閉じて、2つ目はないかなあと考えてください。
　　またありましたか。
　　では2番目の箱に書きましょう。
　　どんどん思い浮かぶ人は、どんどん入れてください。
　　思い浮かばない人は、ゆっくりやっていいですよ。
　　終わった人は、また机にふせて静かにしていてください．

3) では、みんな終わったようですね。
　　箱の中のことが全部かたづいたら、楽になれるでしょうか。
　　　（注：もうないかどうか確認させます。）
　　では、これで終わりにしましょうか。

4) 今日は、みなさんの気持ちを整理箱の中に入れてしまいましたが、どんな感じがしましたか。
　　終わった今の感じを書いてください。
　　また箱に入れなかった（頭の中でもしなかった）人は、白紙の箱をながめて、今どんな感じがしているか書いてください。
　　　（注：しなかった自分に焦点を当てさせます。）
　　それから、書いたことについて、とても気になって、どうしても私に話してみたいという人は下の（　）に名前を書いてください。
　　書き終わった人は、目を閉じて、静かに机の上にふせていてください。（間）
　　それでは、紙をふせたまま、うしろから集めてきてください。

5. ふりかえり・かんたんな解説

　　箱イメージ法はクリアリング・ア・スペースの応用編で、あらかじめ箱が描かれた紙を用い、気持ちを整理し情緒の安定を図ります。終了後はペアや少人数、あるいは全体で感想を述べあい体験を言語化することで新たな気づきを得たり、ふりかえる機会を持つことも重要です。ジェンドリン同様、このクリアリング・ア・スペースの作業を行なったあと通常のフォーカシング・プロセスへ進むことも可能です。

6. 注意事項・配慮すべき点

　誰にも知られたくない秘密を表現することに対し、不安を持つ人もいます。どうしても書きたくないことは書かなくてもよく、頭の中で作業することや、記号を用いて取り組めることを教示に加えるとよいでしょう。

　誰かに聴いてもらって解決したいと思う人に対し、記名欄を設け、フォローアップを行なうことも大切なようです。また、学級活動として行なう際は生徒がどのような取り組みをしたのかを把握することでその後の学級経営に役立つことがあります。

　生徒が取り組みたいと思ったときに取り組めるよう、学校で行なう際は箱イメージ用のポストを設置するなど、必要に応じて個別に実施できるよう工夫することもよいようです。

参考文献

池見陽編著　1997「フォーカシングへの誘い」サイエンス社
村山正治他　1987「フォーカシングの理論と実際」福村出版
岡山県教育センター　1989　学校における集団カウンセリングの試み　1988年度長期研修員研究報告書

3　4

気もちを整理しよう

(　　　　　　　　)

NOTES

3　5　紙に描きながら（「こころの整理」）

笹田 晃子

1. 概要

「こころの整理」を紙に書きながらやっていく方法です。紙はA4またはB4くらいの大きさのコピー用紙、画用紙などでいいです。（所要時間20分程度）

2. 対象

子どもから大人まで。個別でも集団でもできます。

3. 目標

今の自分のことや自分の気持ちを確認、理解、整理します。こころがすっきりしたり、落ち着いたり、リラックスできる効果があります。また、気持ちに注意を向ける練習になります。書いたものを他の人と見せあえば、自己紹介や交流のきっかけにもできます。

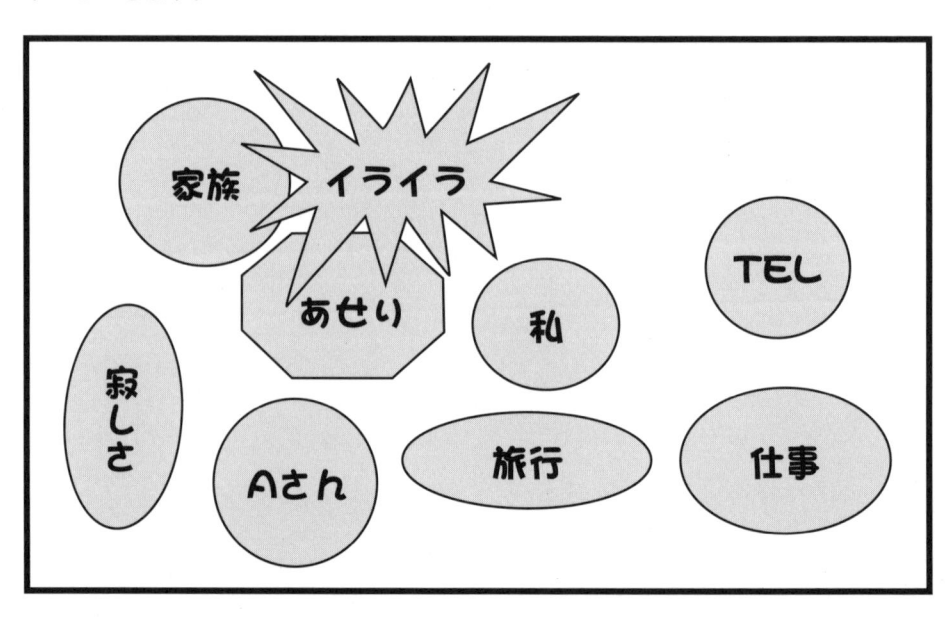

4. 教示の実際・かんたんな解説

　部屋の片づけをするときに同じようなものをひとまとめにして置くように、「こころの整理」をするときにも、浮かんでくること、出てきた気持ちをひとつずつまとめて置くようにして、紙に書いていきます。

1) まず、真ん中あたりに自分を表す言葉（「私」「自分」など）を書いて○で囲みます。（これは省略してもかまいません。また、書く場所は真ん中でなくてもいいです。）

2) 紙全体があなたの「こころ（気持ち）」だと想像してください。

3) 今、何か気になっていることとか、困っていることがあるかなあ？と自分にきいてみてください。そして、浮かんでくること、気持ちがあったら、それをひとつ、紙のどこかに置くような感じで書きます。例えば、「Aさん」のことが気になっているなあ、と思ったら「Aさん」と紙のどこかに書いて○で囲みます。今、何か寂しい感じがあるなあ、と思ったら「寂しさ」とか「寂しい感じ」とか名前を決めて紙のどこかに書くわけです。（その名前は自分が後でそのことだと分かれば何でもOK。例えば、何かの記号やイラストなどでもかまいません。）とても気になっていれば真ん中あたりに大きく、とか、むしろ隅の方だと落ち着くなあと思えば隅の方へ、など、何となくの感覚で、そのことや気持ちに合うような大きさで、ここがいいかな？と思う場所に書いていきます。

4) ひとつ書けたら、「他に何かあるかな？」と自分の内側にきいてみましょう。そして、また何か浮かんだら、それの大きさはどのくらいかな？　右の上の方に置く？それとも左のこのあたりかな？……そんなふうにひとつひとつ出てきたものや気持ちを書いていきます。

5) 思いついたことは、困っているようなことだけでなく、楽しみにしていること、大切にしたいこと、将来の夢なども書いてみましょう。それもあなたの「気持ち」ですから。

6) それぞれにぴったりな色を塗ってみるのもいいかもしれません。

7) 全部書けたかなあ？　と思ったら、最後にもう一度紙全体を眺めてみましょう。今のあなたはそんな感じですか？

　コツは、どんなものが浮かんできても、
「ああ、そんな気持ちがあるんだね。」「そのことが今、気になっているんだね。」とそれを やさしく扱うことです。
きっと自分（の気持ち）を大切にする時間になると思いますよ。

5．注意事項・配慮すべき点

　安心して取り組むこと、自分の気持ちに素直になることが大切です。書きたくないときには書かなくてよい、また、人に見られたくないことは記号で書く、など自分で自分を守るスキルを教えてあげることも大切です。最初に話しておくとよいでしょう。

6．発展や応用、バリエーション

　書くものは鉛筆、ペン、クレヨン、色鉛筆、など何でもかまいません。
　書いたものを後で移動したり変更できるように付箋を利用する方法もあります。
　背景の色を塗ったり、絵を加えたり、表に書けないものは裏面に書く、安定感を増すために外枠をしっかり書いてから始める、楽しいことから書き始めるなど、対象や場面に合わせていろいろ工夫するとよいでしょう。また、「不安」「楽しみ」といった抽象的な言葉はできるだけ、「〇〇お化け」「〇〇風船」といったようなぴったりの名前を考えてつけてみると気持ちの落ち着き具合もさらにいいようです。

参考文献

伊藤義美編著　2002「フォーカシングの実践と研究」ナカニシヤ出版
増井武士　1999「迷う心の『整理学』」講談社現代新書

3-5

いつもの課題

第4章
セルフガイドと
リスニングの練習

4−1 フォーカサーの注意事項

日笠 摩子

1. 概要

フォーカサーへの注意事項を以下9項目にまとめました。

1) 始まる前にリラックスして、2) 自分のペースで進めます。3) 浮かんできたことを全部リスナーに話す必要はありませんが、4) リスナーに自分の希望を伝えたり、リスナーの間違いを修正することはセッションを楽に進めるために役立ちます。

5) 自分に対してやさしい態度を向けて、6) フォーカシングの手順に従って進めましょう。くり返しになりますが、7) 自分の安心感は自分で守りましょう。

8) 必要なときにはリスナーの助けを求めましょう。9) くれぐれもリスナーに気をつかわないよう、自分の必要性と自分のペースを第一に進めてください。

2. 対象

ガイドされてのフォーカシングであれ、セルフガイドのフォーカサーであれ、聴き手がいる状況でのフォーカサーをする前に読んでください。

3. 目標

楽に安全に自分のペースでフォーカシングの時間をもつこと。

4. 具体的な諸注意

1) フォーカシングを始めるにあたっての全体的な姿勢
   - 楽にしてください。必要だったら動いてもいいですし、リスナーとの距離の具合も確かめてください。
   - 洋服やネクタイやベルトをゆるめた方がいいかもしれません。

- じっと座っている必要はありません。瞑想ではないのですから。
- 実は、あまりリラックスしすぎるとフォーカシングはしにくくなります。フェルトセンスが消えてしまったり、かすかにしか感じられなくなります。また、ふわふわ浮いている気がしたり、身体の一部がひどく大きくなったり変形したような気がするかもしれません。これらは、変性意識状態に入ると起こりやすい、自然な副作用です。少し動いたり目をちょっと開けることで止めることができます。それから再び、注意を身体の中心部へ戻して、今度はリラックスしすぎないように注意しながら、自分のからだで今どう感じているか感じ直しましょう。
- 目は開けていても閉じてもかまいません。目を閉じたり、ぼんやり焦点をはずした方が、自分の内部の世界に注意を向けやすいという人が多いようです。自分なりに試してください。ガイドやリスナーと目を見合わす必要はまったくありません。自分の内界に注意を向けるためには邪魔になることが多いようです（しかし相手と目を合わすことが必要な場合には、どうぞ自由に目を開けて相手を見てください）。フォーカシングの時間は、フォーカサーであるあなたが、自分のしやすいようにしたいように、自分の内界を探索する時間です。

2) セッションを主導するのはフォーカサーです
- セッションの方向（内容）やペースを決めるのはフォーカサーです。
- フォーカサーは、リスナーやガイドにもっと提案（指示）してくれるよう頼んでもいいですし、もっと黙っていてほしいと頼んでもかまいません。
- フォーカサーが終わりたいところで終わりたいときにセッションをやめられます。
- どこで中断してもかまいません。

3) 話さなくてもかまいません
- 起こってきた感じの内容については、黙っていても話しても自由です。自分が話したいだけ話せばいいですし、黙っていたかったら黙っていてもかまいません。時には、起こってくる感じが漠然としていて相手に話そうにもまとまらず、ゆっくり黙って自分だけでわかる時間が必要なことがあります。また、時には、話さないまま秘密にしておきたいこともあるでしょう。ガイドやリスナーは、あなたのフォーカシングの内容について知らなくてかまいません。

4) リスナーへの希望を伝え、リスナーの間違いは修正しましょう
- 自分がどうしたいのか感じましょう。このセッションで自分が取り組みたい気

がかりがあるでしょうか？それとも、何でもいいから出てくるものとつきあうのでいいのでしょうか？
- リスナーにどんなふうに聴いてもらいたいか希望を伝えましょう。
- セッション中にも、リスナーにしてもらいたいこと（あるいはしてもらいたくないこと）をきちんと伝えましょう。

　　相手（ガイドやリスナー）がピンとこないことやよくわからないことを言ってくる場合。
　　相手にもっと何かを言ってもらいたいとき。
　　すこし黙っていてほしいとき。
　　何か全然別なことを言ってほしい場合。
　　などには、遠慮なく伝えましょう。

- そのためには、リスナーの言葉を聞いて、その言葉を自分のからだに取り入れて確かめましょう。そして、しっくりこない場合には、気楽に「いや、そうじゃない。ちょっと違うんです」と言いましょう。（詳しくは、フォーカサーに教えてもらう方法（5－3）を参照してください。）

5）フォーカシング的態度
- 自分に対し、やさしくフレンドリーに問いかけましょう。
- 出てきたもの、感じたものはどんなものでも素直に受けとめ、解釈や評価はしないようにしましょう。

6）フォーカシングの進め方
- からだに意識を向けていきます。
- ゆっくり自分に必要なだけ時間をとってください。話し始めるのはそれからでいいのです。
- 必要なら、自分でガイドの言葉かけをしながら進めましょう。
- 初心者の場合、「ジェンドリンの6ステップ」（4－5）や「アン・ワイザー・コーネルのフォーカシング・プロセス」（4－6）を自分の前に置いておいてもいいでしょう。

7）自分を守るのは自分の責任です
- フォーカシングの過程によって自分がどんな影響を受けているかに気をつけながら進めてください。フォーカシングの中で自分の安全を守るのは自分の責任です。もちろん、必要な時には、リスナーやガイド、教師の援助を求めましょう。

8) 困ったときにはガイドやリスナーに助けを求めよう
   - 次のようなときには、ガイドやリスナーに率直に困っていることを伝え、援助を求めましょう。
     自分の中の批判してくる声に気づいた場合。
     進まなくなったとき、どうしていいかわからなくなったとき。
     感じが強すぎて苦しくなりそうなとき。
     逆に感じが弱まって感じにくくなったとき。

9) しないでいいこと、してはいけないこと
   - リスナーに気をつかわないこと！これはあなたのセッションです。社会的な相手への配慮になれた人には、新しいことであり難しいことですが、自分のプロセスを守るためには必要なことです。してはいけない禁止事項だと思うくらいでないと、つい気をつかってしまいます。どうぞくれぐれもご注意ください。

参考文献

Cornell, A.W. 1997 Focusing Resources（日笠訳）
McGavin, B. 1995 Being a Focuser, Focusing Connection Nov.

NOTES

4-2 リスナーの注意事項

日笠 摩子

1. 概要

　リスナーの役割は、大きく3つのレベルに分かれます。第1の役割は、しっかりとそこにいて、フォーカサーを見守っていること、第2の役割は、フォーカサーがフェルトセンスとハンドルを共鳴させる手伝いをすること、そして、第3の役割はフォーカシングを促すためのガイドをすることです。ここでは第3のレベルは求めず、上記の2つの役割について述べた上で、リスナーの心得として、フォーカサーの主体性を守るという重要点と具体的なリスニングのヒントについて述べます。

2. 対象

　リスナーを経験する前に、一通り読んでください。

3. 目標

　リスナーの役割と注意事項を理解し、しっかりとフォーカサーのプロセスに沿っていけるようになること。

4. 具体的な諸注意

1) 自分のからだをじっくり感じ、からだ全体でしっかりそこにいること

　　リスナーの役割として最も重要なことは、聴き手として、しっかりとフォーカサーに耳を傾け、見守っていることです。ただしっかりとそこにいましょう。あなたがそこにいることがフォーカサーへの一番の贈り物なのです。
　　そのためには、セッションのはじめに、気持ちを自分自身のからだの内側に向けておくことが役に立ちます。そして、自分なりのやり方でフォーカサーに波長を合わせるように試みましょう。

一例として次のようなやり方があります。

目を閉じて深呼吸をし「このフォーカシング・セッションの私の目的は、心を開いて、その場に居て（be present）、見守っていることです」と自分自身に言うのです。

「心を開いて」と言いながら、両肩を後ろに引いて胸を開きます。
「その場に居て」と言いながら、自分が椅子に座っており、からだが大地とつながっているのを感じます。
「見守っている」と言いながら、目を開いてフォーカサーを柔らかい眼差しで見つめます。

2) 共鳴作業のお手伝い

リスナーの第2の役割は、フォーカサーが言葉とフェルトセンスをつき合わせて確かめる共鳴の作業を手伝うことです。そのために、リスナーはフォーカサーの言葉を自分のからだに取り込んで、その本質的なところをそのまま伝え返します。

自分の理解したものを伝え返すだけです。その伝え返しをフォーカサーがもう一度取り入れて共鳴させると、その結果はいろいろになります。

　①ぴったりで、そうそう、と再確認できる。
　②違う。さっきはそうだったけど今は違ってしまった。
　③違う。その言葉よりももっとぴったりの言葉がある。
　④リスナーが聞きまちがえている。

フォーカサーの反応は①から④のどれであっても、フォーカサー自身の過程を確かめる役に立ちます。①は当然ですが、②③の場合は、プロセスが進んでいる、あるいは、より正確な表現が見つかりつつあるのですから、歓迎すべきことです。また、④の場合は、リスナーの誤解があったわけですが、それが修正されれば、お互いの齟齬が解消されてフォーカサーに沿っていけるようになります。さらに、フォーカサーにとっても、違う言葉が返ってくると、それが自分の言いたいこととは違うという確信が得られ、自分のフェルトセンスがはっきりしてくるという効果があります。

3) フォーカサーの主体性を守りましょう

　　リスナーの心得として大切なのは、セッションの主役はあくまでもフォーカサーであり、リスナーは伴走者にすぎないという姿勢です。そのために、
- セッションが始まる前に、フォーカサーに「どんなふうに聴いてもらいたいですか」とたずねましょう。
- 始まったら、自分から話しかけるのではなく、フォーカサーが話し始めるまで待ちましょう。
- セッション中、質問をしたり、質問口調にならないようにしましょう。これは意外かもしれませんが、質問には相手に特定の反応を引き出す強力な力があります。一度質問をすると主導権が質問者側に移りがちです。それをさけるためには、初心の間は、フォーカサーの発言の伝え返しに徹しましょう。

　　何かを起こそうとする必要はありません。そして、セッションがうまく進まなくても、リスナーが何かをしようとする必要はありません。セッションの責任をとる必要はありません。あなたは責任者ではないのです。

　　もし、リスニングを難しいと思ったら、がんばりすぎ、何かやろうとしすぎではないでしょうか。フォーカシングはフォーカサーの中で起こるものです。その自然な流れを見守りつつ、沿っていく以上のことは必要ありません。それ以上のお節介はしないことが、フォーカサーの主体性を守ることにつながります。

4) 具体的なヒントのいろいろ
- 自分が話す前には一息ついてください。そうすることで、フォーカサーが自分自身の声を聞き取る間ができます。
- フォーカサーの気持ちのこもった言葉はそのまま使いましょう。変えていいのは、「重要でない」言葉だけです。
- フォーカサーがたくさん話した場合は、気持ちの部分だけを返しましょう。
- フォーカサーが言ったことの一部しか覚えていない場合は、覚えている部分だけを伝え返します。

5) リスニング、ちょっと上級編

　　ちょっと上級編の聴き方として、取り上げているフェルトセンスだけでなく、それを抱えている全体としてのその人も受けとめてあげるような伝え返しのやり方があります。フォーカサーが特定の気持ちに巻き込まれそうになっている

ときには、気持ちと距離をとるための手助けになるようです。

例えば、「……という気持ちもある」「……と感じている」「……ということに気づいた」「……という部分もある」などの言い方です。

5. まとめ

リスナーとして役に立つためには、いろいろな工夫や配慮がこまかくありますが、初心の段階ではまず、そこにしっかりと安心してフォーカサーを見守っていられるようにしてください。そして、共鳴のために伝え返しつつ、自分の共感的理解も深めながらフォーカサーについていくことを練習してください。

参考文献

Cornell, A.W. 1997 Focusing Resources（日笠訳）

NOTES

4-3 練習セッションの基本ルール

日笠 摩子

1. 概要

初心者どうしで一方がフォーカサー、他方がリスナーとなって練習する場合の基本ルールを以下に述べます。先にフォーカサー、リスナーそれぞれの注意事項としてあげたこととも重なりますが、重要な点はくり返しておいた方がいいので、ここではルールとしてあげます。

2. 対象

練習を始めたばかりの方から継続的に実践している方々全般

3. 目的

このルールの目的は、フォーカシングの練習や実践をスムーズに進めることです。

4. 基本ルール

1) リスナーは伝え返しによって聴いているという応答だけしてください（初心者の場合は、ガイド的な提案や質問や暗示や意見は禁物です）。経験者の場合は、提案が浮かんできてそれが適切と思われた場合は、フォーカサーが拒否できることを保証した上で試してみてもいいでしょう。フォーカサーに提案を求められたら、良い提案を思いつくかどうか考えてみてください。

2) セッションが終わったら、リスナーから感想を述べます。確認以外は、話している人の話を遮らないようにしましょう。リスナーとフォーカサーが話し終えたら、オブザーバーがコメントしてもかまいません。ただし、リスナーやフォーカサーに対する評価めいたことや、セッションの内容に関するコメントは許されません。

3）フォーカシングの内容はくれぐれも慎重に扱いましょう。セッション後のふりかえりでは、内容には触れないで、プロセスについて話し合ってください。フォーカサーから聴いたことはすべて守秘事項です。セッション以外の場では話さないようにしましょう。

4）主導権はあくまでもフォーカサーの側にあります。フォーカサーはいつでもパスできます。また、セッションをやめても、黙ったままのセッションをしてもかまいません。「パス」とは、たとえあなたの番でもフォーカシングをする必要はないということです。「やめる」とは、時間がくる前でも自分のセッションを終えてよいということです。「黙ったまま」とは、リスナーを前にしても必ずしも話す必要はないということです。沈黙が必要なら沈黙してください。リスナーはあなたの意向を尊重してくれるはずです。

5）どう話すかを選ぶのはフォーカサーです。詳しい話をしないで、あいまいな周辺部からはじめてもかまいませんし、あら筋を話したり、背景を話してもかまいません。誰もフォーカサーが「ちゃんとやっているか」とか「本当にフォーカシングしているかどうか」などと判定したりしないことが前提です。

　グループ練習する時の最大の落とし穴の一つは、フォーカサーが本当にフォーカシングしているのかどうか、もし、していなければどうすればいいのだろうと、リスナーが心配しはじめることです。この心配は無用です。フォーカシングは「何でもあり」なのですから。重要なのは、リスナーはセッションの責任者ではないことを忘れないことです。したがって、たとえフォーカサーが「本当に」フォーカシングしていなくても、ただ聴き続けてください。

6）フォーカサーはセッションの前にも最中でも、自分がどういうふうに聴いてもらいたいか頼むことができます。

　リスナーはセッションの前に、「どのような反応が欲しいですか」とたずねてください。フォーカサーは「自由に」とか「短めの反応を」とか「自分なりの言葉に言い換えて」などと答えるでしょう。また、「しばらく話をしたいので、私が目を閉じるまでは伝え返しもいりません」とか「最初黙って感じる時間をとります」と言うかもしれません。

　フォーカサーはセッション中にも「もう少し言葉を返して」とか逆に「言葉を少なく」と注文できますし、手振りで、リスナーを制したり促してもいいでしょう。

フォーカシングの展開が早く、発言の直後に次のものが出てきたときには、リスナーの声が邪魔になる可能性があります。もしその瞬間、リスナーの言うことを聴いていると、新しく出てきたことを見失ってしまうかもしれません。そういう場合は、手でストップサインをして、黙って待ってくれるようにリスナーに合図しましょう。

5. まとめ

最後にまとめとして、リスナーのよけいなお世話はプロセスの邪魔になることが多いことを指摘しておきたいと思います。そして、それを避けるためのルールを以下にあげます。これは、国際フォーカシング会議で配られた資料にあったものです。熟練のフォーカサーでもときには、よけいなことはしない方がいいことを思い出す必要があるようです。

よけいなことは何もしないで、ただフォーカサーに沿っていく聴き方を試してみてください。

ROADBLOCKS	プロセスを邪魔しないために
Advising	◆忠告しない
Lecturing	◆説教しない
Blaming	◆人や自分を責めない
Labeling	◆分類したり決めつけない
Analyzing	◆分析はしない
Praising	◆ほめたりしない
Reassuring	◆大丈夫だと保障しない
Probing	◆詮索しない
Diverting	◆話をそらせない

第10回国際フォーカシング会議ポスター1998 より

参考文献

Cornell, A.W. 1996 The Power of Focusing. New Harbinger Publications, Inc.
（大澤美枝子・日笠摩子訳 1999「やさしいフォーカシング」コスモス・ライブラリー）

NOTES

4　4
ひとりフォーカシング

小池 順子・笹田 晃子

1. 概要

　自分で進める「ひとりフォーカシング」です。トレーナーのわかりやすいデモを見たのちに各自が自分なりにフォーカシングをします。（所要時間1人10分程度）

2. 対象

　これからフォーカシングやリスニングを学ぼうとしている方全般

3. 目標

　2人組のとき、リスニングができるようになること。そのためフォーカサーは自分でプロセスを進めるようにすることで、リスナーのリスニング練習がやさしくなります。

4. 教示の実際

　最初にトレーナーが「ひとりフォーカシング」のデモを見せます。場所選び、始める準備、始まり、プロセス、終わりに至るまで、できるだけ言葉にしてひとりでフォーカシングをして見せたあと、練習者に「ひとりフォーカシング」を体験してもらいます。他の人はそのプロセスをいっしょに見守っています。

5. ふりかえり・かんたんな解説

　手順の質問だけ受けつけ、自分なりにフォーカシングをしてもらいます。
全員が終わってから質問やふりかえりの話し合いをします。

6. 注意事項・配慮すべき点

　デモをする人は始まりから終わりまで、初心者にでもプロセスが伝わりやすいように、できるだけ言葉にして進めます。取り上げる内容は、今の気持ちとか実際にあった具体的な事柄やそれについての気持ちを選んで進めていくと分かりやすく、やりやすいでしょう。

　初心者はひとりで進めるのがむずかしい場合もありますので、始める前にできなかったらトレーナーが手伝うから心配しないようにと伝えておく配慮も必要でしょう。

7. 発展や応用、バリエーション

　他のメンバーはひとりがプロセスを進めている間、黙ってリスニングをしているため、プレゼンス（だまって聴く）の練習になります。フォーカサーは自分のプロセスを自分で進めていくことになるため、セルフガイド（自立したフォーカサー）の練習、自分の内側、自分の気持ちとつきあう練習になります。

　「フォーカシング・プロジェクトのウィークエンド・ワークショップ」1回目（全3回）で、初日にグループ（6名）を2つに分けて、2通りのフォーカシング体験をします。ガイドによるフォーカシング・セッションと、その裏側で、「ひとりフォーカシング」を体験します。

NOTES

4-5 ジェンドリンの6ステップ

日笠 摩子

1. 概要

　ジェンドリンは「フォーカシング」の中で丁寧にステップごとの事例を交えながらフォーカシングについて解説した上で、巻末にステップ早見表をまとめています。

　ジェンドリン自身も言っていますが、これだけがフォーカシングのステップではありません。フォーカシングを促すための教示は、教師、ガイド、さらにはフォーカサー、そのときのフォーカシングの流れによって、異なります。そして、フォーカシング関係者の中では、創始者のステップもいろいろあるうちの1つでしかないという位置づけです。

　他のやり方と比較してジェンドリンのステップの特徴を3つあげると、1）空間的な比喩を用いての教示であること、2）クリアリング・ア・スペースのステップが最初に置かれていること、3）ハンドルをつけ、共鳴させ、問いかけをするという象徴化、特に言語化が重視されていること、でしょう。

　フォーカシングでは、フェルトセンスとの関わり方が大切です。フェルトセンスを感じつつも、それに圧倒されず、安心感の中でフェルトセンスに関わることが大切です。そのような関係を促すために、ジェンドリンは、気がかりを外に出すというクリアリング・ア・スペースを含め、空間的な比喩での教示を用います。同じことを促すためにアン・ワイザー・コーネルが対人関係的な比喩を用いるのと対照的です。傾向として、男性やイメージ優位な人は、対人関係的な比喩よりも、空間的な比喩での関わり方がなじみやすいようです。

　クリアリング・ア・スペースは、初期のステップには入っていませんでしたが、感情に圧倒されるような人にとって安心感のある場所をまず作っておくことが必要だという経験から付け加えられたもののようです。

　最後に、ジェンドリンの教示は言語化を促す傾向が強いという特徴があります。言語化することで進むことも多いのですが、早急に言語化を焦る必要はありません。

2．6ステップ早見表

1) クリアリング・ア・スペース

　気分はどうかな？　今の気分は上々と言えるかな、言えないなら何が邪魔しているんだろう？

　それに答えようとはしないで、からだから、それに答えるような反応が起こるのを待ちましょう。

　1つ1つには深入りしないように。

　出てくる気がかり1つずつに挨拶して、1つずつ自分の脇に置きましょう。

　それがなければ、もう気分は上々になるでしょうか？

2) フェルトセンス

　フォーカシングする気がかりを1つ取り上げましょう。

　その問題に入ってしまわないように。その問題全部を思い出して、からだではどんな感じを感じているでしょうか？

　その感じ全部を感じましょう。その問題全体についての感じです。ぼんやりした不快感みたいなもの、それについてはっきりしないけれどからだで感じる何かをそのまま感じていましょう。

（選んだ気がかり）

3) ハンドルを手に入れる

　そのフェルトセンスの雰囲気や性質はどんなものでしょうか？

　このフェルトセンスから、何か、言葉や表現やイメージが出てくるでしょうか？

　その雰囲気を表す言葉としてはどういう表現がぴったりでしょう？

（次ページに記入欄）

4 - 5

（記入欄）

4）共鳴させる

言葉（またはイメージ）とフェルトセンスの間を行きつ戻りつしながら、それでぴったりかどうか感じましょう。

感じと言葉がぴったり合ったら、その「それでいい」という感じを何回か確かめましょう。

もしフェルトセンスが変化したら、そのままその変化に注意を向けていましょう。

その感じに本当にぴったりの言葉（イメージ）が得られたときには、ゆっくりとその感じを味わいましょう。

（記入欄）

5）問いかける

「いったい、この問題全体のどういうところがこんなに_____という感じになるんだろう？」

進まなくなったときには、自分に次のように問いかけてみましょう。

　この感じで最悪なのはどういうところかな？

　このことで、本当にひどいことはどんなことなのかな？

　その感じとしてはどうしてほしいのかな？

　どういうことが起こればいいの？

（記入欄）

このような質問には答えようとしないでください。ただ、その感じの方が動き始めたり何か反応を示してくれるのを待っていればいいのです。

　　全部うまくいくようになったら、どんな風に感じるでしょうね？
　　からだにその答えを教えてもらいましょう。
　　その感じになるのを邪魔しているのは何なんでしょう？

6）受け取る

出てきたものをやさしくむかえ入れましょう。感じが教えてくれたことを喜び大切にしましょう。

これは、この問題に関して一歩の前進にすぎず、最終結論ではありません。
しかし、今自分がどこにいるかはわかっていたのですから、それをそのまま置いておき、また後で帰ってくることもできます。
その新しく出てきたものを大事に守って、批判的な声に邪魔されたりしないように気をつけましょう。

もう少しフォーカシングを続けたい感じでしょうか、それとも、ここで終わるのもいいようでしょうか？

(Eugene T. Gendlin)

参考文献

Gendlin, E.T.　1981　Focusing, Bantam Books　（日笠　訳）
（村山正治・都留春夫・村瀬孝雄訳　1982「フォーカシング」福村出版）

アン・ワイザー・コーネルのフォーカシング・プロセス

日笠 摩子

1. 概要

　アン・ワイザー・コーネルは、1972年にジェンドリンのチェインジズに自分の必要から参加しながらもなかなかフェルトセンスが分からずフォーカシングができないという体験から出発した人です。そのようなフォーカシングの難しさから、やさしく教える方法を工夫し続けているフォーカシング教師です。また、言語学博士という教育的背景から、言語表現に敏感で、わかりやすいフォーカシングを促すガイドの言葉使いを工夫しています。

　「フォーカシング入門マニュアル」「ガイドマニュアル」では、5つのステップ、5つのスキルという枠組みで教えていましたが、「やさしいフォーカシング」では、ステップではなく、フォーカサー自身が自分に語りかけるプロセスを促す文の系列を工夫しています。

　コーネルの特徴は、「内的関係」を促す教示です。フォーカサーとフェルトセンスの関係を対人関係的な比喩でとらえます。内側の感じを擬人化してとらえ、「こんにちは」と挨拶する教示に見られるように、それとよい関係を築いていくことを目指します。女性にはとらえやすい比喩ですが、男性の中には抵抗感があるようです。

　また、言語化は促すものの、それにはこだわらず、ただつきあうだけ、ただそばにいるだけでいることをフォーカシングの本質としています。

　以下、彼女のフォーカシング・プロセスをまとめます。左がそのような自分への語りかけの文です。そして、右にはその語りかけで実際に行なうことを解説しています。彼女は、初心者は、この教示を目を開ければ見えるところに置いておき、プロセスがとどこおったら、目を開けて、ぴったりの教示を探すことを勧めています。ご活用ください。

2. アン・ワイザー・コーネルの自分で進めるためのフォーカシング・プロセス

「からだの中を感じていこう」

●からだに注意を向けます。まず周辺部を感じてから、中央部に気持ちを向けます。からだの部分の名前を言っていくことも役立ちます。つまり、腕、足、背中、そして、のどや胸や胃やお腹。

「何が今気になっているのかな？」または
「あの問題を考えるとどんな感じになるかな？」

●そこにあるものを感じたり、呼びかけて何かがそこに出てくるのを待ちます。あるいは、特定の問題に取り組んでもいいでしょう。

「ここにあるものに『こんにちは』と声をかけよう」

●出てきたものを認める作業をします。

「それはどういう風に表現すると一番いいだろう」

●からだの感じであれ、イメージであれ気分的な気持ちであれ、生活との関連であれ、何でもそれを表現してみます。

4―6

「その表現をからだに戻して確かめよう」

●言葉やイメージなどの表現をからだに戻して、それでいいかどうか、それでは違うか、あるいは部分的にはいいけれど、もっと何かありそうか確かめます。

「今ここで、これとつきあってもいいかな」

「それのそばに座って、何だろうなと興味を持って眺めよう」

●それとともに居る (being with)

「むこうとしてはどんな風に感じているのか、感じ取れるかな」

●それの聞き手になる-感じとる/問いかける。何だろうという気持ちでいましょう。

自分に問いかけてみよう。
「それには気分や気持ちがあるかな」

｜　　　　　　　　　　　　　　　｜

●自由に答えられる質問（ただし「なぜ」「どうして」はだめ）をして、むこうが話しやすくしてあげるのです。

「何から、そんなに＿＿＿（気持ちやからだの感じを示す語）になるのかな」
「それがもっと私に伝えたがっていることはあるかな」
「何が必要なんだろう」
「全部うまくいくというのはどんな感じかな」

｜　　　　　　　　　　　　　　　｜

「そうなの、わかったよとそれに伝えよう」

｜　　　　　　　　　　　　　　　｜

●そちらから伝わってくることをきちんと受け取ります。

「そろそろ終わってもいいかどうか感じよう」
「また戻ってくるからねと伝えよう」
「自分のからだと今出てきてくれたこと全部にありがとうと言っておこう」

｜　　　　　　　　　　　　　　　｜

●終われそうなところを探します。
●これからもずっと続く内的な関係を築くための言葉です。
●感謝します。

3. 5つのステップ、5つのスキル

(図1：5ステップ)

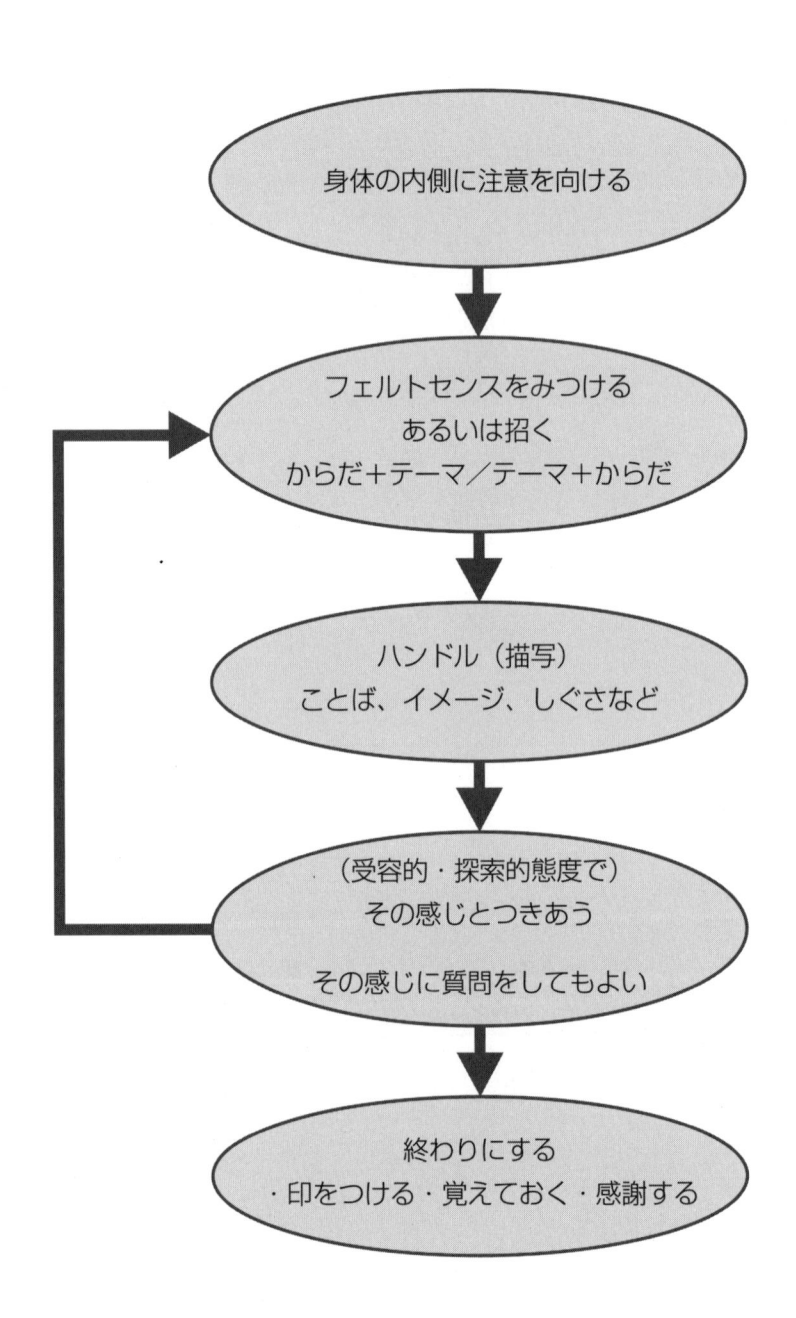

```
身体の内側に注意を向ける
        ↓
フェルトセンスをみつける
あるいは招く
からだ＋テーマ／テーマ＋からだ
        ↓
ハンドル（描写）
ことば、イメージ、しぐさなど
        ↓
（受容的・探索的態度で）
その感じとつきあう

その感じに質問をしてもよい
        ↓
終わりにする
・印をつける・覚えておく・感謝する
```

(図2：5スキル)

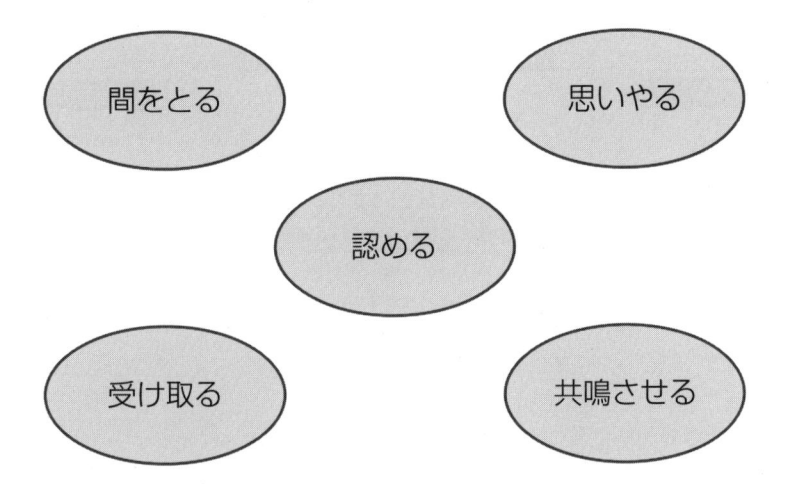

- 間をとる
- 思いやる
- 認める
- 受け取る
- 共鳴させる

4. 適切な距離でのフォーカシングのためのフローチャート　(出典：フォーカシング事始め)

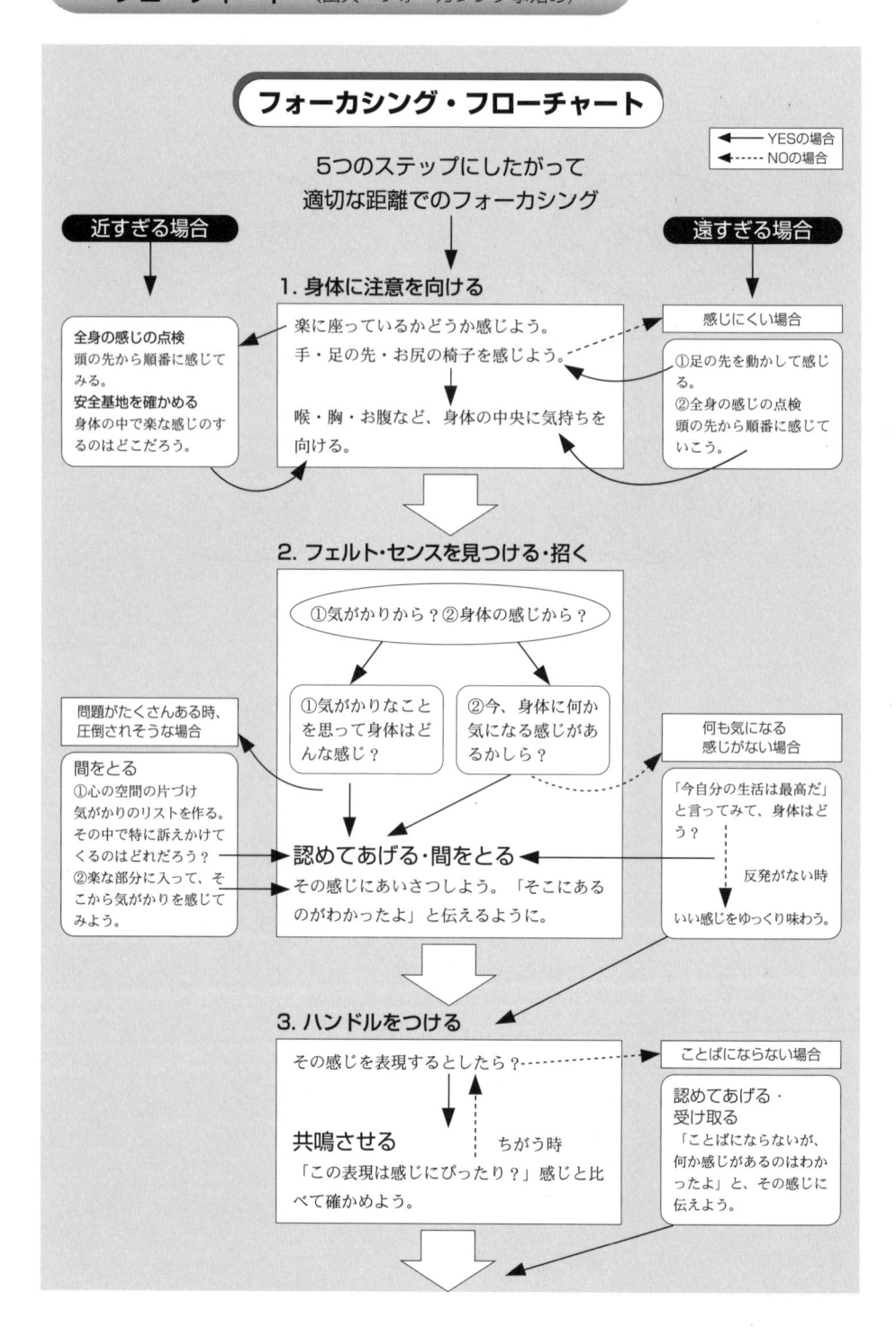

フォーカシング・フローチャート

5つのステップにしたがって
適切な距離でのフォーカシング

◀────── YESの場合
◀------- NOの場合

近すぎる場合

全身の感じの点検
頭の先から順番に感じてみる。
安全基地を確かめる
身体の中で楽な感じのするのはどこだろう。

1. 身体に注意を向ける

楽に座っているかどうか感じよう。
手・足の先・お尻の椅子を感じよう。

喉・胸・お腹など、身体の中央に気持ちを向ける。

遠すぎる場合

感じにくい場合
①足の先を動かして感じる。
②全身の感じの点検
頭の先から順番に感じていこう。

2. フェルト・センスを見つける・招く

①気がかりから？　②身体の感じから？

①気がかりなことを思って身体はどんな感じ？

②今、身体に何か気になる感じがあるかしら？

問題がたくさんある時、圧倒されそうな場合

間をとる
①心の空間の片づけ
気がかりのリストを作る。その中で特に訴えかけてくるのはどれだろう？
②楽な部分に入って、そこから気がかりを感じてみよう。

認めてあげる・間をとる
その感じにあいさつしよう。「そこにあるのがわかったよ」と伝えるように。

何も気になる感じがない場合
「今自分の生活は最高だ」と言ってみて、身体はどう？

反発がない時

いい感じをゆっくり味わう。

3. ハンドルをつける

その感じを表現するとしたら？

共鳴させる　　　ちがう時
「この表現は感じにぴったり？」感じと比べて確かめよう。

ことばにならない場合

認めてあげる・受け取る
「ことばにならないが、何か感じがあるのはわかったよ」と、その感じに伝えよう。

4. 一緒に居る

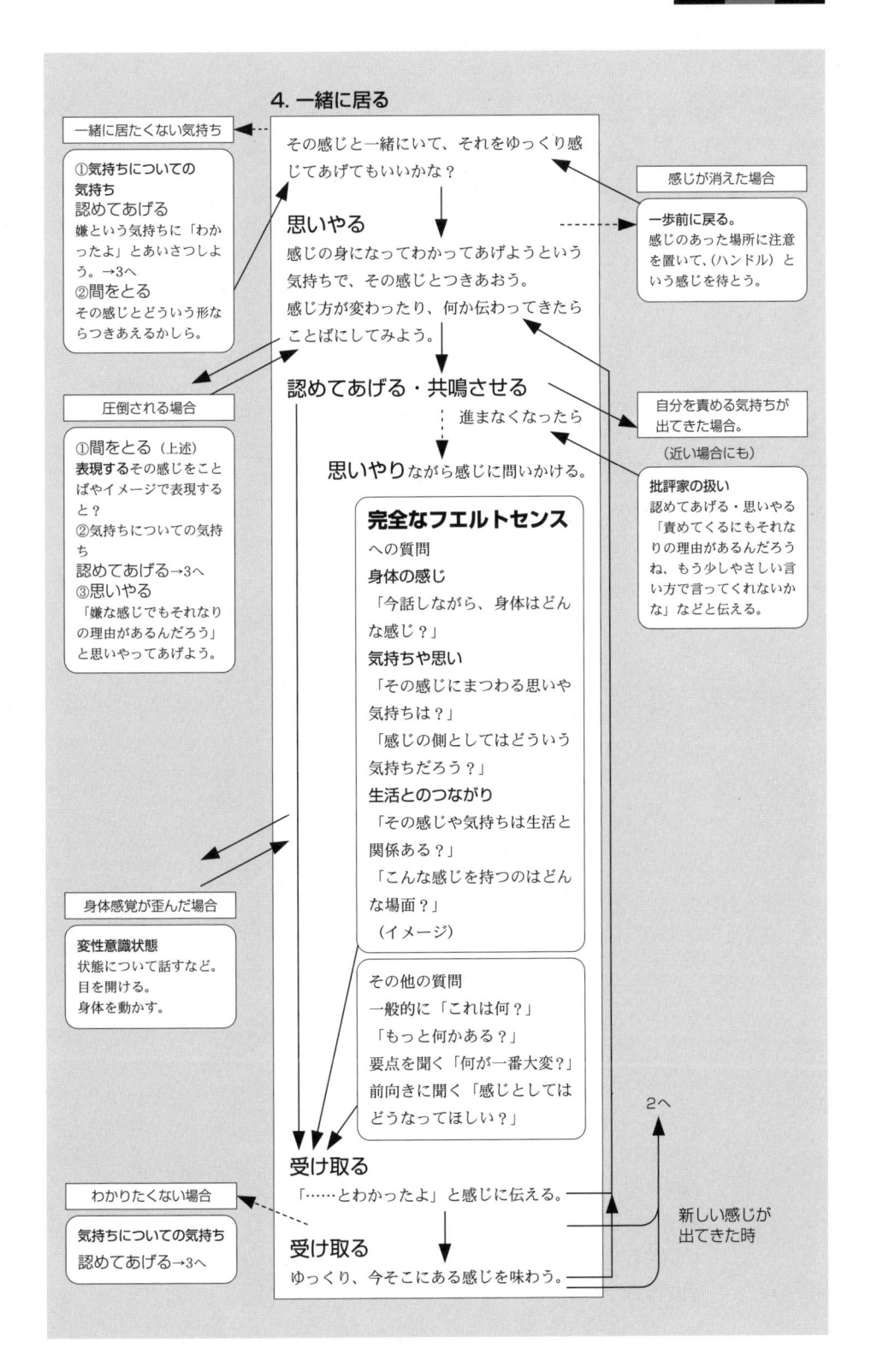

その感じと一緒にいて、それをゆっくり感じてあげてもいいかな？

思いやる
感じの身になってわかってあげようという気持ちで、その感じとつきあおう。
感じ方が変わったり、何か伝わってきたらことばにしてみよう。

認めてあげる・共鳴させる

　　　　　進まなくなったら

思いやりながら感じに問いかける。

完全なフエルトセンス への質問

身体の感じ
「今話しながら、身体はどんな感じ？」

気持ちや思い
「その感じにまつわる思いや気持ちは？」
「感じの側としてはどういう気持ちだろう？」

生活とのつながり
「その感じや気持ちは生活と関係ある？」
「こんな感じを持つのはどんな場面？」
（イメージ）

その他の質問
一般的に「これは何？」
「もっと何かある？」
要点を聞く「何が一番大変？」
前向きに聞く「感じとしてはどうなってほしい？」

受け取る
「……とわかったよ」と感じに伝える。

受け取る
ゆっくり、今そこにある感じを味わう。

【一緒に居たくない気持ち】
①気持ちについての気持ち
　認めてあげる
　嫌という気持ちに「わかったよ」とあいさつしよう。→3へ
②間をとる
　その感じとどういう形ならつきあえるかしら。

【圧倒される場合】
①間をとる（上述）
　表現するその感じをことばやイメージで表現すると？
②気持ちについての気持ち
　認めてあげる→3へ
③思いやる
　「嫌な感じでもそれなりの理由があるんだろう」と思いやってあげよう。

【身体感覚が歪んだ場合】
変性意識状態
状態について話すなど。
目を開ける。
身体を動かす。

【わかりたくない場合】
気持ちについての気持ち
認めてあげる→3へ

【感じが消えた場合】
一歩前に戻る。
感じのあった場所に注意を置いて、（ハンドル）という感じを待とう。

【自分を責める気持ちが出てきた場合。】
（近い場合にも）
批評家の扱い
認めてあげる・思いやる
「責めてくるにもそれなりの理由があるんだろうね、もう少しやさしい言い方で言ってくれないかな」などと伝える。

新しい感じが出てきた時　2へ

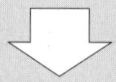

5. 終わりにする

①フォーカサーが終わりたくなった場合

②リスナーから終了を提案する場合
（時間的余裕を持って告げること）

「そろそろ終わり方を探し始めていいかな」「どういう形で終われるかな」と身体に問いかけよう。

① ② とも「終わりにしてもいいか、それともまだ何か出てきたがっているか」もう一度身体に聞いてみよう。

2、または4へ身体がまだ続けたいと言ってくる時

目印をつける その感じに印をつけて、また戻ってくる時の手がかりにしよう。
覚えておく 振り返って、覚えておきたいところはどこだろう。
感謝する 身体にお礼を言おう、「いろいろ気づかせてくれてありがとう」と。

ゆっくり現実に戻る 終わってもいいと感じたら、ゆっくりと時間をかけて気持ちを戻そう。

5つのスキルのまとめ

認めてあげる（Acknowledging, あいさつする）

間をとる（Finding a Relationship, 感じと自分を区別してつきあう）

共鳴させる（Resonating, ぴったりかどうか確かめる）

思いやる（Being like a Friend, 感じの身になってわかろうとする）

受け取る（Receiving, わかったと伝える、十分味わう）

参考文献

Cornell, A.W.　1993　The Focusing Guide's Manual. 3ed. Berkeley Focusing Resources
　（村瀬孝雄監訳、大澤美枝子・日笠摩子訳　1996　「フォーカシング・ガイドマニュアル」　金剛出版）
Cornell, A.W.　1994　The Focusing Student's Manual. 3ed. Berkeley Focusing Resources
　（村瀬孝雄監訳、大澤美枝子訳　1996　「フォーカシング入門マニュアル」　金剛出版）
Cornell, A.W.　1996　The Power of Focusing. New Harbinger Publications, Inc.
　（大澤美枝子・日笠摩子訳　1999　「やさしいフォーカシング」　コスモス・ライブラリー）
村瀬孝雄・阿世賀浩一郎・近田輝行・日笠摩子　1995　「フォーカシング事始め」　金子書房

NOTES

4　7　フリードマンの8ステップ

日笠 摩子

1. 概要

　ニール・フリードマンは、1974年ジェンドリンからフォーカシングと心理療法を学んだ、フォーカシング教師でありフォーカシング指向体験心理療法家です。
　彼は、ジェンドリンやコーネルからも学びながら、豊かな自分の心理臨床体験も踏まえて、フォーカシング・エッセイ（日本語では「フォーカシングとともに」）をまとめています。その中に彼流のフォーカシングの進め方が紹介されています。
　「ステップの数は違う人もいるし、使わない人もいるが、私は自分のやり方が一番だと思う。そうでなければ、使わない」と、かなりの自負をしています。まず、ステップで学んだあとに、その枠組みから自由になればいいというのが彼の主張です。
　彼のやり方の特徴は、まず自分に挨拶するように気持ちを確かめるところからはじめることです。そして、クリアリング・ア・スペースについては、段階として残していますが、オプションであり、必要なければ省いてもいいとしています。そのやり方としては、公園のベンチを想像してもらい、そのベンチに置いていくという丁寧なイメージを提供しています。
　また、フェルトセンスのハンドルとして、言葉や文やイメージだけでなく、「音や身ぶり」も象徴の一つとして提案しています。言語的表現にとらわれず、より分化されない非言語的な表現も尊重する姿勢があります。
　もう一つ特徴的なのは、「フェルトセンスがどういう質問を望んでいるだろう」と問いかけて、そこで得られた質問をフェルトセンスに再び問いかけるというものです。フェルトセンスを尊重しつつ促進するやり方です。
　ジェンドリン、コーネル、フリードマン、それぞれのやり方を見比べることによって、フォーカシングのエッセンスの部分が抽出されるのではないでしょうか。しかし、どのやり方も絶対ではありません。自分にあうやり方で、そのときのプロセスの流れを第一優先として、フォーカシングしましょう。いったん学んだ枠組みから自由になることがフォーカシングの上達かもしれません。

2. フリードマンの8ステップ

1) 挨拶をします。自分の内側の気分を確かめます。

2) クリアリング・ア・スペース。事柄をベンチに並べます（省略可）。

3) 問題を一つ取り上げます。自分が選ぶというよりも、気がかりの方で必要があるものが出てくるように。

4) フェルトセンスをつかみます。その気がかりのフェルトセンスが自分のからだに浮かぶのを待ちます。

5) ハンドルをつかみます。フェルトセンスにぴったりの言葉や文やイメージや音や身ぶりが浮かぶのを待ちます。

6) 共鳴させます。ハンドルとフェルトセンスの間を行きつ戻りつしながら、それが一致しているかどうかを見ます。一致している場合には、ごく小さくても何らかのフェルトシフトがあるはずです。

7) 問いかける、と、受け取ります。フェルトセンスに質問をします。フェルトセンスによっては、答えが返るものもあるが返らないものもあります。何であれ、浮かんできたものは受け取ります。私がよく使う質問は以下の通りです。

　（a）その要点はどういうことだろう。
　（b）そのことで最悪（あるいは最高）なのはどういうことだろう。
　（c）いったい何が悪いんだろう。
　（d）それにはどういうことが必要なのだろう。
　（e）いい方向に進むための小さな一歩はどういうことだろう。
　（f）このことが全部うまくいったら、からだはどんなふうになるだろう。その邪魔をしているのは何だろう。
　（g）フェルトセンスがどういう質問を望んでいるだろうか。それをフェルトセンス自身にを教えてもらう。そしてその質問をして、答えを受け取ろう。

8) 終わりの挨拶をします。最後に少し時間をとって、自分なりの仕方でこのフォーカシング・ラウンドの終わりの印をつけます。

参考文献

Friedman, N. 2000 Focusing: Selected Essays 1 pp125-133
（日笠摩子訳　2004「フォーカシングとともに」コスモス・ライブラリー）

4-8 セルフガイドとリスニングの練習

大澤 美枝子

1. 概要

　時間配分を決めたシートに基づいて、フォーカサーのセルフガイドとリスナーのやさしいリスニングを練習します。リスナーは自分の目的、課題にあったリスニングの練習をすることができます。フォーカサーはセルフガイドでプロセスを進めるようにして、リスナーの練習に協力します。このワークシートも、1999年3月アン・ワイザー・コーネルによる「フォーカシング・ワークショップ・イン・東京（中級）」のテキストでした。（所要時間70分程度）

2. 対象

　これからフォーカシングやリスニングを学ぼうとしている方全般

3. 目標

　リスナーがやさしいリスニングを練習すること。そのためフォーカサーは自分でプロセスを進めるようにしてリスナーに協力するので、セルフガイドの練習になります。

4．教示の実際

最初にトレーナーがワークシートの説明と時間配分をていねいに伝え、2人組（1人がフォーカサーに、もう1人がリスナーになります）で往復の練習をします。

〈導　　　入〉　　2人とも3分間だまったまま座っています。
　　　　　　　　リスナーもフォーカサーも目を閉じて
　　　　　　　　自分のからだの内側に注意を向けて感じを確かめます。
　　　　　　　　出てくるものはどんなものでもすなおに認めて
　　　　　　　　何でも受けとめるというような開かれた態度で
　　　　　　　　こころの整理をして、内側をすっきりさせましょう。

　鈴の合図　　　（またはリスナーがタイムキーパー）

〈プロセス〉　　　15分間フォーカシング

　　　　　　　　リスナーは目を開けます。（「始めましょう」と言ってください。）
　　　　　　　　フォーカサーは、セルフガイドを始めます。
　　　　　　　　フォーカサーはだまっているかもしれません。
　　　　　　　　リスナーもだまっています。
　　　　　　　　フォーカサーはなるべくフェルトセンス（実感）を描写するように
　　　　　　　　話します。
　　　　　　　　フォーカサーが話したら
　　　　　　　　リスナーは一呼吸おいてから
　　　　　　　　フォーカサーの言葉をやさしくゆっくり伝え返します。
　　　　　　　　フォーカサーはリスナーの伝え返しを内側で聴いて確かめます。
　　　　　　　　フォーカサーは待っていて
　　　　　　　　フェルトセンス（実感）からもっと何か出てきたら再び話します。

　鈴の合図　　　（リスナーがタイムキーパー）

| 4 | 8 |

〈終 わ り〉　リスナーは「あと3分です」と伝えます。

フォーカサーはゆっくりフォーカシングのプロセスを終わりにしましょう。

（この後リスナーは伝え返しをしません。）

フォーカサーは終わって目を開いても、だまったままでいます。

鈴が鳴ってから3分間はまだフォーカシングのプロセスです。

（3分過ぎてもまだ終わってなかったらリスナーは「終わりましょう」と言います。）

鈴の合図　　（リスナーがタイムキーパー）

〈ふりかえり〉　3分間、フォーカサーは、今のフォーカシング・プロセスでどんな体験をしたかリスナーに伝えます。

リスナーの存在についてどんな感じがしたかも伝えましょう。

内側の自分が許可したことだけ話すようにしてください。

鈴の合図　　（リスナーがタイムキーパー）

今度は、3分間、リスナーが、

今のフォーカシング・プロセスでどんな体験をしたか話します。

内側の自分が許可したことだけ話すようにしてください。

鈴の合図　　（休憩・2人で話し合い）

役割を交替して、くり返してください。

リスナーだった人が、今度はフォーカサーです。

（訳：大澤美枝子）

5. ふりかえり・かんたんな解説

グループにもどって、質問や感想を分かちあいます。

6. 注意事項・配慮すべき点

トレーナーは始める前に、ていねいに目的、やり方、時間配分を伝えておくこと。リスナーはどんな練習をしたいか、自分の練習目的を確かめて、事前にフォーカサーに伝えておくこと。

フォーカサーはリスナーが伝え返しやすいように、なるべく言葉にして進めること。

7. 発展や応用、バリエーション

ワークシートの〈プロセス〉部分で、リスナーは、①なるべく伝え返す②全部伝え返す③だまって聴いているなど、自分の目的に合った練習をすることができます。この部分は15分間となっていますが、状況に応じて時間を変えてやるとよいでしょう。「フォーカシング・プロジェクトのウィークエンド・ワークショップ」1回目では、2日目に「やさしいリスニング」を練習します。午前中は「ラウンドロビン」（8名が輪になってトレーナーから始めてひとまわり）で、「完全伝え返し（相手が言ったことをそのまま全部伝え返す）」を練習します。午後は、このワークシートを使って「セルフガイドとリスニングの練習」をします。

参考文献

フォーカシング・プロジェクト　1999
「フォーカシング・ワークショップ・イン・東京（中級）」（非売品）

ちょっとガイドの練習

大澤 美枝子

1. 概要

　ガイドの第一歩です。リスナーがガイドの始め方と終わり方を基本的なフレーズを使って分かりやすいシートに基づいて練習します。（所要時間60分程度）

2. 対象

　これからフォーカシングやリスニングを学ぼうとしている方全般

3. 目標

　リスナーが、始め方と終わり方をガイドする練習、および、伝え返しを中心にやさしいリスニングを練習するものです。フォーカサーはセルフガイドを練習することになります。

4. 教示の実際

最初にトレーナーがワークシートの説明と時間配分をていねいに伝えます。
2人組で往復の練習をします。

ちょっとガイドの言葉（フレーズ）

＊まずリスナーが始められる感じになってから（こころの整理など）始めましょう。

<準　　備>　　からだほぐし
　　　　　　　からだしらべ（からだのチェック）
　　　　　　　クリアリング・ア・スペース（こころの整理）
　　　　　　　問題を1つ選んでおきましょう。
　　　　　　　　（ワークショップでは、ここまではトレーナーが全体ガイドですませておくとよいでしょう。）

<導　　入>　　からだを楽にしましょう。
　　　　　　　からだの内側に注意を向けましょう。
　　　　　　　からだの中心部分に焦点を当てるような感じでいましょう。
　　　　　　　始められるようになったら合図してください。
　　　　　　　そのことを思い浮かべると、どんな感じがするかなぁと聞いてみましょう。（以下は感じが出てきた場合のみ。出なかったら省略）
　　　　　　　伝え返す。
　　　　　　　その感じに「こんにちは」「そこにある／いるのがわかっているよ」と声をかけましょう。
　　　　　　　その感じとしばらくいっしょにいてみましょう。

| 4 | | 9 |

> <プロセス>　このあとはフォーカサーがセルフガイドで進めてください。
>
> ＊フォーカサーはできるだけ言葉にしてリスナーに伝えてください。
>
> ＊リスナーはなるべく伝え返しをしてください。
> 　間があいたとき、大切だと感じたとき
>
> ＊フォーカサーもリスナーもなるべくからだの内側で、実感で受けとめてからゆっくり言葉にしてください。（半歩下がって寄り添う態度で）
>
> <終　わ　り>　あと3分くらいです。ゆっくり終わりにしましょう。
> 　（リスナーは、このあと伝え返しをしないで待っています。）
> 　（2分くらい待ってから）
> では、ゆっくり終わりましょう。（しばらく2人で静かにしています。）
>
> <ふりかえり>　2分間、だまってそれぞれ自分のなかでふりかえります。
> 　（ノートをとってもよいでしょう。）
> 2分間、それぞれが伝え合います。（相手はただ聴いています。）
> 5分ほどお互いに話し合います。

5. ふりかえり・かんたんな解説

グループにもどって、質問や感想を分かちあいます。

6. 注意事項・配慮すべき点

トレーナーは始める前に、ていねいに目的、やり方、時間配分を伝えておくこと。

リスナーはどんな練習をしたいか、自分の練習目的を確かめて事前にフォーカサーに伝えておきましょう。

フォーカサーは、自分で進めるセルフガイドを心がけ、リスナーが練習しやすいようになるべく言葉にして伝えるなど、リスナーの練習に協力することを承知していましょう。

7. 発展や応用、バリエーション

　基本的にはリスナーの「なるべく伝え返す」練習になっていますが、ワークシートの〈プロセス〉部分で、①なるべく伝え返す②全部伝え返す③だまって聴いているなど、リスナーは自分の目的に合った練習をすることができます。

　「フォーカシング・プロジェクトのウィークエンド・ワークショップ」2回目では、リスナーが「ちょっとガイド（初めと終わりだけガイドする）」をして、あとは伝え返しだけの「やさしいリスニング」を練習します。

NOTES

4-10 小グループでの練習の進め方（ラウンド・ロビン）

日笠 摩子

1. 概要

　ラウンド・ロビン・フォーマットは、3～5人の小グループでお互いにリスナーとなって、フォーカシングを練習をする際、スムーズに役割交替を行なうための枠組みです。このやり方では、フォーカサーが体験後に自分のための時間を持つことができるので、短い時間枠内でも練習を重ねることが可能です。

2. 対象

　どのレベルのフォーカシングの練習や実践でも用いることができます。オブザーバーとなっての観察学習も有効でありその練習の枠組みとして役立ちます。また、フォーカシングに限らずカウンセリングのロール・プレイ等、少人数の体験学習にいろいろと応用できます。

3. 目標

　実際の練習の目標は、それぞれどのような課題で練習するかによって異なりますが、ラウンド・ロビンという枠組み自体は、それぞれの役割をとるときに負担を最小限にしながら、混乱なく順序交替を行なうための方法です。

4．小グループでの練習の進行方法

1) フォーカサー、リスナー、オブザーバー（休憩＝4人以上の場合）の役割を順次交替していきます。

2) オブザーバーはセッションのタイムキーパーとして、あらかじめフォーカサーに、セッション終了のどのくらい前に言ってほしいかたずねておきます。その時間になったら、あとどのくらい残っているかをフォーカサーに聞こえる声で伝えます。例えば、フォーカサーが「2分前に言ってください」と言ったとします。あと2分になったら、オブザーバーは「あと2分です」と言います。終わりの時間がきたことを伝える必要はありません。フォーカサー自身がセッションを終えます。

3) セッション終了後オブザーバーが進行役になって、まずリスナーからどんな感じだったかについてたずねます。

4) 次に、3人組では、フォーカサーがオブザーバーになり、リスナーはフォーカサーに、またオブザーバーだった人はリスナーになりましょう。

4人組では、始めにフォーカサーだった人は、休憩し、リスナーだった人は次のフォーカサーに、またオブザーバーだった人は次のリスナーに、休憩していた人は次のオブザーバーになります。5人組では、休憩が2回続くことになります。もちろん、休憩の人も、タイムキーパーや進行役としてのお役目はありませんが、余裕があればしっかり観察はしてください。

6人以上の場合は、3人組を2つ作るといいでしょう。

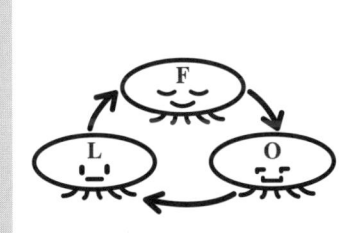

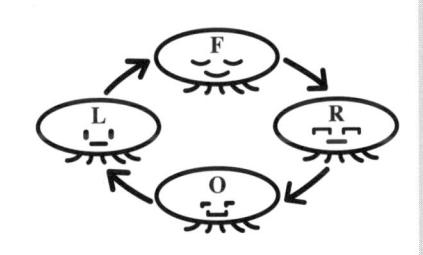

F…フォーカサー
L…リスナー
O…オブザーバー（タイムキーパー）
R…オブザーバー（またはお休み）

5. 注意事項（補足説明）

1）残り時間を告げる相手はリスナーではなく、フォーカサーです。セッションの主体者はフォーカサーであり、それを終える責任はフォーカサーにあります。

2）フォーカサーに自分のセッションをまとめる時間を与えるため、リスナーから感想を話します。フォーカサーから話し始めた場合は、自然な流れにまかせてもかまいません。

3）フォーカサーは自分のセッション後は常に比較的おだやかで落ち着ける時間がもてるよう、オブザーバー（4人以上の場合は休憩=役割のないオブザーバー）になります。

参考文献

Cornell, A.W.　1994　The Focusing Student's Manual. 3ed. Berkeley Focusing Resources
（村瀬孝雄監訳、大澤美枝子訳　1996「フォーカシング入門マニュアル」金剛出版）

NOTES

第5章
アドバンス編

5-1 フォーカサーに教えてもらう方法（背景にある考え方）

日笠 摩子

1. 概要

　「フォーカサーに教えてもらう方法(Focuser as Teacher＝教師としてのフォーカサー＝FAT)」は、ジャネット・クラインがフォーカシングのリスナー訓練として定式化したものですが、その背景には、ロジャーズの積極的傾聴、その発展としてのジェンドリンの傾聴の理論と実践があります。

　傾聴、あるいはリスニングは、相手の言おうとすることをそのまま伝え返す応答です。聴き手が話し手の体験過程の今をそのまま正確に共感的に把握しようとして、その理解を確認するような応答です。その治療的な意味として、ロジャーズは共感的に理解されるような関係自体に治療的な意味があると考えていましたし、ジェンドリンはその共感的な理解の中で、自分の感じている体験過程が象徴化されることで変化が生じると考えています。

　どちらにせよ、聴き手が共感的に理解し、その理解を伝え返す応答は効果的とされています。ではどうすれば、共感的に話を聴けるようになるでしょうか。

　共感的というのは、あたかもフォーカサーであるかのようにフォーカサーの世界を体験しようとすることです。共感は昔からの概念でさまざまに定義されていますが、「どうやれば」共感的になれるかについての説明は十分とは言えません。話し手の発言をていねいに伝え返すことが共感的な理解なのでしょうか。しかし、ときに、これは「おうむがえし」で機械的だと言われることもあります。こうすれば共感的な理解を示せるという決まったやり方はありません。

　ここで、わかりきったことが登場します。リスナーに共感的な聴き方を教えてあげられるのは、話し手しかいないということです。話し手が共感してもらえたと感じるやり方で聴くことが共感的なリスニングです。リスナーがそうできるためには、話し手（フォーカシングの場合は、フォーカサー）に教えてもらうしかありません。フォーカサーがフィードバックの形でリスナーに教えてあげるのです。これを実際に行なうのは簡単ではありませんが、その背景にある考え方と手順は単純です。

　話し手が話します。聴き手は話し手の言い分が最初から正確に分かることはあり

ません。ですから、聴き手は自分なりの理解を伝え返して確認を求めます。つまり、話し手が発言し、聴き手が伝え返し、話し手がそれを自分のフェルトセンスに確かめて、違いがある場合には訂正するわけです。そして、聴き手は教えてもらって新しい理解をまた伝え返します。

　フリードマン（2000）は、これを体験的傾聴と命名しています。「聴き手からの伝え返し」と「話し手の内側での確かめ」の両方をあわせたプロセスが体験的傾聴なのです。

　このような体験的傾聴が起こりやすいように、練習の枠組みとしてまとめたのが、クラインのフォーカサーに教えてもらう方法（5－3）ですが、ここでは、この体験的傾聴の背景にある傾聴の考え方をクラインとジェンドリンの文献から抜粋して紹介しましょう。

2．聴き手は、その人をさらにわかろうとします

　聴き手は話し手の言葉を伝え返すわけではありません。言葉の奥のその人自身、あるいはフェルトセンス、言いたいことをとらえて伝え返そうとします。そのことについてクラインは次のように述べています。

「フェルトセンスを通して共感的に『もっと深く』聴く方法」（Klein, 1995, pp23-25）

話を聴きながら、その奥の人をわかろうとする
Listening to the story and for the person

　Mary McGuireは自分の聴き方を「その目の奥にいる人をわかろうと聴いていく」と表現していますが、私（Janet Klein）はそれを、「話の奥に隠れているその人そのものをわかろうと聴く」と言いたいと思います。人にはみな、話したいことがあります。その話は聴かなくてはなりません。その上で、その語り手自身も人として、わかってもらいたいし認めてもらいたいはずです。リスナーはフェルトセンスからの共感的なリスニングによって、フォーカサーに話がわかったことを伝えていくことができます。

　何をくり返すかはリスナーのフェルトセンスに従って慎重に選ぶ必要があります。それは、正確に伝え返すためというだけではなく、ただのお話という表面的レベルにならないように注意するためでもあります。話の中に語り手その人がちらっとでも見えたら、その人を大事に受け入れてあげる必要があります。そのときに、リスナーはフォーカシング的な提案をしてみようと思うかもしれ

ません。提案の目的は、その傷ついた（あるいは喜んでいる）人をいたわるとか、やさしくするとか、そのままでいてもらうとか、その場所とのちょうどいい距離を見つけるとか、でてきたものとゆっくり一緒に居るとか、その人がそこに居られるように場所を作るとか、涙や痛みや怒り等がでてくるままにしてあげるなどです。

　私がフェルトセンスを通して聴く場合には、私はフォーカサーともっと深い（the"more"）レベルでつながっています。話を聴いている中で、話を共感的にとらえるための時間をとります。黙って、フォーカサーの話を自分の身体に沈ませて、その感じをとらえるのです。大事なのは、奥にあるもの（the"more"）を聴いていくことです。そうしないと、体験の上に乗っているお話を聴くに終わってしまうことになりがちだからです。毎回正確に伝え返してさえいればよいリスニングをしていると思うかもしれませんが、これは、ときには逆に、表面的なところにとどまるよう促すことにもなるのです。

3. わかったところを伝え返して修正してもらえばいい

　上述のような聴き方をすると、つまり、聴き手のフェルトセンスを通して聴いていけば、当然のことながら、話し手の気持ちからずれてしまうことが起こります。そのようなときに大切なのは話し手のフェルトセンスであり、そこに照合して、間違っていたら修正してもらうことです。ジェンドリンは『フォーカシング指向心理療法』の中で2カ所、その点について詳しく述べています。

●伝え返し
ジェンドリン『フォーカシング指向心理療法（上）』pp,86-88
第5章「体験的一歩をもたらすためにセラピストがすること」より

　伝え返し、あるいは（われわれの用語によれば）「傾聴」は、相手の言おうとしていることをそのままくり返す応答である。セラピストは、クライエントが体験過程の瞬間瞬間をどう感じているかそのまま正確に把握しようとしている。セラピストは、クライエントの発言のたびにそれに触れて、彼女の見い出した意味一つ一つを理解しようとする。もちろん、どんなセラピストであっても、時には誤解もするし、不注意で相手の言い分を聴き逃すこともある。しかし、そういうすれ違いが起こったことに気づいたら、セラピストはすぐに、相手を理解しようとする努力を新たにし、それを第一優先事項とする。傾聴以外のことをする場合であっても、相手の言い分をきちんと理解して

いなければ、何事もうまくは進まない。

　しかし、普通、相手の言い分を一度聴いただけで最初から正確に把握するというのは至難の業である。セラピストが心がけるのは、自分の伝え返しにクライエントが訂正を加えやすくすることである。そうすると、一種のリズムができていく。つまり、クライエントが何かを言う。セラピストがそれを伝え返す。クライエントがそれを訂正する。セラピストが訂正された相手の言葉を再度言う。そして、クライエントは「この伝え返しで私が言いたかったことは本当に言えているだろうか」と、自分の内側を感じる。すると、セラピストに受け取ってもらえなかった微妙なニュアンスが見つかることが多い。クライエントはその見逃されたニュアンスをくり返す。すると今度は、セラピストはさきに自分が見逃していたニュアンスだけを伝え返す。クライエントは内面に「自分の感じていることは今度の言い方ではとらえられているだろうか」と問いかけ、「……ああ、そうだ、そのとおりだ」と感じる。そうなれば、クライエントはそれ以上そのことを蒸し返して話す必要がなくなる。クライエントはすでにそれを言い、相手もそれを聴いたからである。そこで、クライエントの内面には、さらに何かが生まれるための余地が生まれる。しかし、何も言うべきことの準備は整っていない。そこでしばらく沈黙になる。クライエントはその沈黙の中で、これから言葉になろうとする何かの辺縁を感じながら待つ。次に何か言うべきことが生まれるときには、それは今までより深いレベルから発せられる言葉であることが多い。

　セラピストはクライエントとは別個の人間なのだから、独自な発言や行動もするが、いつも第一に優先すべきは、クライエントからのメッセージをクライエントの意図どおりにきちんと受け取ることである。

　セラピストはクライエントの同行者となって、微妙なニュアンスの一つ一つにつきあう。クライエントは、自分の体験のありようについてセラピストと言い争う必要などないのが本当である。クライエントにはどう感じられるかということこそ、セラピストが一番理解したいことなのであるから。

　ここで、あなたにちょっと思い出してもらいたい。あなたを理解してくれない人、あなたの体験をあなたが感じているままにわかろうとしない相手と一緒にいる場面を想像してもらいたい。そういう相手を前にして、自分の直接的体験をさらに感じ取ろうとすると、どういうふうになるだろう。自分の感じ方を否定したり無視したがる相手の欲求を押しのけることがまず必要になるだろう。相手は自分とは別のものの見方をしている。もしかしたら相手の見方の方が正しいのかもしれないが、自分の立場を保とうとすると、流れに逆らって泳ぐような具合になる。つまり、自分自身の体験を感じ取りたくても、一方で、相手はそれを別ものに変形しようとしているわけであり、その相手の言い分にも耳を傾け考慮しなくてはならないのである。あるいは、自分がとても一生懸命伝えようとしたことをまともに受け取ってもらえず、気持ちが傷ついてしまうかもしれない。まともに聴い

5-1

てもらえないどころか、実際、相手にまったく聴き入れてもらえないのである。この類のやり取りは、誰もがご存知のものである。（中略）

このように、そのまま伝え返すことは、クライエントが自分の体験の中にさらに深く入っていくための、数少ない強力な方法なのである。相手に何も押しつけることなく、相手の心にできるだけ近づく方法なのである。

4．正確に返すことよりも相手が訂正できることが大切

次の引用では、まちがえることが当然であるだけでなく、修正してもらえる関係の中では、聴き手がまちがえることがかえって話し手の主体性を守るために役に立つことが強調されています。

> 傾聴応答は、正確に返すことよりも相手が訂正できることが大切
> ジェンドリン『フォーカシング指向心理療法（上）』 pp.181-183
> 第9章「セラピーの中でフォーカシングを教える際の問題点」より

占いとは違い、セラピストはいつも正しく何でも知っているという見かけを取り繕う必要はない。実際、そのように見られることは避けるべきである。いつでも正しく何でも知っているなどということは不合理で理不尽な要求であるが、セラピストの中には、そうでなくてはならないと思い込んでいる人もいる。私は「もちろん、私にはわかりません。あなたが自分の内側でそれがどういうものか見つけてくれない限りわからないんですよ」とクライエントに始終言っている。セラピーの初めの頃私は、自分の言ったことが間違いだとわかった場合にはいつも、自分が間違っていたことをはっきりと言葉にして伝える。私は、自分が間違っても困らないし、実際、多くの場合自分が間違っているのではないかと思っているということを、クライエントにはきちんと伝えておきたい。いったんそれを理解してもらえれば、クライエントは、私の間違いを訂正しやすいし、自分が内側で感じることが私の考えと違っていても、それを口にしやすくなる。そうなれば、私の方からの解釈も、クライエントのプロセスを邪魔しないし、さらに新しいことを展開するための援助にもなりうるのである。

ときどき間違うことはセラピストの権威を失墜させるのだろうか。私が10回続けて間違えて11回目にようやく正しく役に立つことを言ったとしても、クライエントは、うまくいったところを私の手柄にしてくれ、それまでの勘違いは帳消しにしてくれる。実際、ちょっと試しに言ってみたこ

との数々は、後からふりかえると忘れられている。そんなに間違っていてもまだ、魔法のように賢いと思われる危険があるほどである。しかし、セラピストである私が、知りうることや知りえないことを「決めてしまい」自分で正しいと思い込んだことにこだわり続けていたら、11回もいろいろな案を試すことなどできないだろうし、クライエントは私の押しつけに抵抗して闘わなくてはならないはめになる。あるいは私の感情を害さないようにそれを受け入れるふりをするかもしれない。もっとひどい場合には、自分でもセラピストの言うことが本当に違いないと考えて混乱してしまう。そうなるとこれはもう妨害でしかない。

　この点について文献で一般になされている主張はかなり誤ったものである。セラピストである私たちは、とうてい知りえないことまで知っておくべきだと期待されている。そして私たちセラピストがある解釈をとるか別の解釈をとるか、ある理論をとるか別の理論にするかを決めるべきだとされている。ところがひとつの本で推奨されている技法が別の本ではけなされていたりするのである。

　それよりも、クライエントからのフィードバックを重視した方が建設的ではなかろうか。言語的なものであれ暗黙の表現であれ、クライエントからはフイードバックが返ってくる。それを頼りにすれば、いろいろな理論や妥当そうな解釈を使って、さらに新たな可能性に気づくこともできる。そうすれば、試しにちょっとした解釈をしてみることはプロセスの邪魔にはならない。

5．まとめ

　ここに述べられているのは、フォーカシングに限らず、心理療法や日常での傾聴の態度であり、共感的理解を進める方法です。それを、フォーカシングのリスニング訓練に活かすために、構造化したものが、フォーカサーに教えてもらう方法です。
　次の章から、その具体的なやり方を紹介しましょう。

参考文献

Gendlin, E.T.　1996　Focusing-Oriented Psychotherapy：A Manual of the Experiential Method.　New York：Guilford Press.
　（村瀬孝雄・池見陽・日笠摩子訳　1998「フォーカシング指向心理療法（上）」金剛出版）
Klein, J.　1995　Empathic Felt Sense Listening and Focusing. The Focusing Institute.

近づく実習Ⅱ（憶測と共感の違い）

日笠 摩子

1. 概要

　リスナーに共感的な傾聴を教えることができる一番の教師はフォーカサーです。このことをわかりやすく体験できるのが、「近づく実習Ⅱ」です。

　この実習は2部からなっています。両方とも2人一組で一方が他方に近づいていくのですが、1回目と2回目では少々教示が違います。1回目は、近づく方（リスナーの比喩です）が待っている方（フォーカサーの比喩です）の感じ方や快適な距離をおもんばかり憶測しながら近づきます。2回目は、近づく方は待っている方の感じ方や要望を最初から率直に聞き、また途中でもフィードバックをもらいながら、つまり、教えてもらいながら、近づきます。

　この二つの体験からは、憶測や想像と、相手から教えてもらう現実の違いに驚かされることが多いようです。（所要時間10分から30分）

2. 対象

　フォーカサーに教えてもらう方法の準備実習ですから、リスナー練習を行なう準備が整った人が対象になります。カウンセリング的傾聴訓練として用いる場合にはフォーカシング経験がなくても利用可能です。

3. 目標

　フォーカサーの感じ方は、リスナーが憶測をたくましくするよりも、フォーカサーに教えてもらう方が、楽にしかも正確に共感的に分かることを体感することが目標です。

4. 教示の実際

1) A（近づく方）が B（待っている方）の希望を憶測しながら近づきます。

①2人ずつ組になり、お互い3メートル程度離れて立ってください。

②これから、お互いに目を合わせた状態で、AがBに近づきます。Aは、Bがどのように近づいてほしがっているか、ゆっくりかすばやくか、まじめにか笑いながらか、想像して近づいてください。大事なのは、AがBからのフィードバック（言語的にも非言語的にも）はいっさいもらわないで、Bが望んでいると思われる位置ちょうどで止まることです。

（ただし、Bが「これ以上近づかれるのは嫌だ」と感じたときには手で合図してAを止めてください。）

③AもBも自分のからだに注意を向けて、実習が進んでいく間中、どういう感じになるか感じていてください。

④AはBに近づいてもいいかどうか許可をもらいスタートしましょう。

⑤Bにどのように近づくか、どこまで近づくかを決めるのはAです。Aがいいところまで行って止まってから、Bにその位置でよかったかどうか感想をもらいましょう。

....
....
....
....

2) 今度はAは憶測を巡らす必要はありません。Bの希望を教えてもらいながら近づきます。

①1回目と同じように、3メートルほど離れて立ち、希望を聞きながらスタートします。

②Bは自分にとって居心地がいいような近づき方をAに教えてあげてください。進むスピード、視線や表情などです。Bはからだに注意を向けながら自分の希望をAに伝えていきます。そして、止まってほしいと感じたら、すぐにAに伝えましょう。1回目には感想は最後に伝えましたが、最後に教えられたのではもう近づき方を修正することはできません。2回目ではBはそのときどきに、自分のフェルトセンスからの望みを相手に教えてあげ、Aはその希望に従って近づいてください。

③Bの希望のところまで近づけたら、2人で分かちあいをします。今まではAの感想を話す機会はありませんでしたが、今回はAとB両者ともに、2回の体験を比べての感想を話しましょう。

④次に役割を交替して、同じく2種類の近づき方を体験しましょう。

⑤グループ全体に戻り、この2種類の近づき方で皆さんの体験はいかがでしたか。どちらの近づき方が楽だったか、相手の希望に従えたか、AとBの両方から何人か、感想を聞かせてもらいます。

5．ふりかえり・かんたんな解説

　この実習のもっとも大切なところは、待っている人（フォーカサー）の体験はその人にしかわからないということです。他の人がどう感じているかが分かるというのはおそらく間違った思い込みなのです。

　それを実感するのが1回目の実習です。1回目は、AはBからのフィードバックがいっさいない中で、自分の憶測と直感を駆使して、相手が望んでいるであろう近づき方でちょうどの位置まで行こうと努力します。実際にやってみると、とても不安で緊張する作業です。しかも、最終的にBからの感想を聞くとAの努力が無駄であり、憶測と実際は違うことが多いようです。一般的にはAが臆病に慎重になりすぎるようです。しかも、Aの緊張感が伝わってか、あるいは相手まかせにしておかなくてはならない不安からか、Bの方も緊張してしまいます。

それに対して、2回目の体験では、Bに教えてもらうことでAは、楽にしかも正確にBの感じ方に応じた近づき方ができます。また、Bにとっても、自分の希望を伝えられ、それに相手が従ってくれることは自分がコントロールできる状況であり、安心感があるという感想がでることが多いようです。つまり、このやり方はAB双方にとって楽で望ましいものなのです。

　これは、共感的な、フェルトセンスからの傾聴をする方法のとてもわかりやすいモデルです。本人の体験について一番わかっているフォーカサーが自分のフェルトセンスに確かめながら（共鳴させながら）必要な近づき方（聴き方）を教えていくのが一番なのです。

6. 注意事項・配慮すべき点

　最初の想像しながらの接近で相手に合わせられる人もいます。あるいは、最初からぴったり希望のところに行けることがよいことだと誤解する人もいます。黙ってぴったりのところに行ける方がいいという文化が強いグループでは、あるいはそういう傾向のある人たちの間では、待っている人（フォーカサー）が、率直に自分のフェルトセンスに基づいたフィードバックをせず、妥協してしまうこともあります。特に、フォーカサーにとって、リスナーのせっかくの努力や配慮に対して「違う」と述べることは申し訳ないと思い、黙ってしまうことがあります。

　こういうグループでは相手の配慮と自分の希望は違っていて当然で、自分の要望を相手に伝えることが必要であることは強調した方がいいでしょう。

7. 発展や応用、バリエーション

　フォーカシングのリスナーのための訓練だけでなく、一般の傾聴訓練にも応用可能です。（次項参照）

参考文献

Klein, J. 1995 Empathic Felt Sense Listening and Focusing. The Focusing Institute. pp36-38

5-3 フォーカサーに教えてもらう方法(FAT)

日笠 摩子

1. 概要

　ここでは、「フォーカサーに教えてもらう方法」の実際を紹介します。
　背景にある考え方のところで述べたように、共感的な傾聴を実現するためには、フォーカサーからのフィードバックをもらうことが必要です。つまり、フォーカサーの発言のたびに、リスナーは自分のフェルトセンスから共感的に聴き、伝え返しをします。その伝え返しをフォーカサーが取り入れて、自分の言いたいことが伝わっているかどうかを確かめます。そして、違っていたら、率直にリスナーに修正をフィードバックするというやり方で、リスナーに共感的な聴き手になってもらいます。そのようなやり方を意識的に行なう手続きが「フォーカサーに教えてもらう方法」です。以下にその手順をまとめましょう。

2. 対象

　ワークショップ形式でこの枠組みの練習をする場合、教師としてのフォーカサーとなるには、フォーカサーとしての経験をいくらか積んで、自分のフェルトセンスを感じることが確実にできるようになっている人が望ましいでしょう。フェルトセンスがよくわからない段階では、特に感じにくい人にとっては、リスナーからの伝え返しを取り入れて共鳴させた結果をリスナーにフィードバックすることが負担になって、プロセスが中断してしまうこともあるからです。
　リスナーの立場になる人は、フォーカシングリスナーとしてのスキルアップを希望する人です。フォーカシング入門レベルのワークショップ後、フォーカシング・コミュニティやパートナーとの間で、お互いにフォーカサーとしてもリスナーとしても実践を積んできた人が、一番ふさわしいでしょう。（ただし、8で述べるような、フォーカシングにこだわらない、通常の話の聴き方の訓練の場合には、フォーカシングになじみのない初心者でもこの枠組みでの練習が可能です。）

3. 目標

　リスナーが共感的な聴き方ができるようになりフォーカサーのプロセスに沿っていけるようになること。

4. 教示の実際

　フォーカサーとリスナーの2人で練習できる枠組みですが、以下のような手順を守って進めるためには、3人一組で、手順を見守る係としてオブザーバーがいた方がいいので、ラウンド・ロビン（4-10）で練習しましょう。きちんと枠組みを指導するには、3、4人一組でのラウンド・ロビンの練習で、スタッフがひとり入る方が安心です。
　まず、フォーカサーが決まったら、フォーカサーが話したい話題について、フェルトセンスを感じる時間を少し持ちます。そして、次の手順を意識しながら進めましょう。

1) フォーカサーが自分の実感に触れる気がかりについて一区切り、あるいはリスナーが覚えていられる分量だけ話します。
2) リスナーは、話を自分の中に取り入れつつ聴き、自分の実感に一番響く、相手が訴えていることのエッセンスを伝え返します。
3) フォーカサーは、リスナーからの伝え返しをフェルトセンスにつきあわせて（共鳴させて）、ちゃんとわかってもらったと感じるかどうか確かめます。リスナーは自分の意図通り受け取ってくれているでしょうか。あるいは、自分の気持ちの方がさっきと変わったかもしれません。
4) フォーカサーは、上の共鳴に基づいて、リスナーにフィードバックを与えます。
「そう、そうなんです」あるいは「わかってもらいたかったのは、それがすごく重くて悲しいことなんです」あるいは「さっきはそうだったんだけど、今は……」のようなフィードバックになるでしょう。これによってリスナーはより正確に、今の話し手についていけます。
5) リスナーはそのフィードバックを取り入れて、応答を修正します。そうすることで、フォーカサーは、リスナーの支えとわかろうとする努力を感じることができるはずです。

5. ふりかえり・かんたんな解説

この枠組みは簡単に見えますが、実際にやってみると難しいものです。特にフォーカサーは、通常のフォーカシング・プロセスに加えて、リスナーにフィードバックを与えなくてはならないので、負担を感じるのも当然です。

しかし、フォーカサーにとって、その負担を超える益があります。第一に、このモデルでは、フォーカサーが主導権を持っていることを強調されます。フォーカサーの主体性が巧まずして育まれます。さらに、この方法はフォーカサーがリスナーの言葉をていねいに共鳴させることを促すので、プロセスが進みます。FAT法でのフォーカサーは、教師の役目をすることが負担なように見えても、実は、自分のフォーカシング・プロセスをていねいに着実に進めるやり方なのです。

リスナーが、FATの中でもらうフィードバックは、その場のそのフォーカサーに必要なものであり、一般化できないものもあります。しかし、自分のいつもの傾向、修正すべき点を指摘されることもあります。伝え返しをもっと短くとか、ゆっくりと言ってほしいなど、一般的に気をつけた方がいいことも教えてもらえます。

6. 注意事項・配慮すべき点

フォーカサー、リスナー、それぞれの立場で、この手順で練習する際に注意する点は、次の節以降に役割ごとに整理しておきますので、参照ください。

この手順自体の進行について、重ねて注意しておきたいことは、リスナーは間違ってもいいことです。特にこのやり方自体に慣れるまでは、ある程度大胆に、間違いをおそれず練習しましょう。

リスナーが間違いをさけようとするあまりフォーカサーの発言を全部伝え返すことがままあります。長い伝え返しはフォーカサーにとっては不必要なことが多いのですが、不要なものを指摘するのはなかなか難しいものです。それよりも、短い伝え返しに対して、足りない点を指摘する方が容易です。

少なくとも、FATのやり方に慣れるまでは、意識的に大胆に短く、フェルトセンスのみを指し示すような伝え返しをして、たくさん、フォーカサーから修正をもらってください。

フォーカシングの練習では、セッション後のふりかえりは技能的な上達のために

役に立ちます。しかし、FATでは、セッション後のふりかえりは最小限にとどめます。セッション後のふりかえりはしばしばリスナーへのフィードバックになることが多いのですが、FAT法では、そのようなフィードバックは、セッション中そのときどきにリスナーに伝えているはずだからです。

　もちろん、そのつもりでも、言い残しはあるでしょうから、念のためふりかえりの時間はとります。しかし、最小限にしてください。特に、フォーカサーからリスナーへの希望やフィードバックが出されたら、次からはセッション中にオンタイムでそれをリスナーに注文するよう、お互いに注意しあいましょう。

7. 実習のための準備

　ここでは基本の枠組みを紹介しましたが、上手に教えるフォーカサー、気楽に教えてもらうリスナーに、なるためには、スモールステップでの準備が必要です。観察学習、フォーカサー練習、リスナー練習、短い話での模擬練習と積み重ねてから、本格的なフォーカシングセッションでの練習に進むといいでしょう。その本格的な練習も最初は15分間程度の短い時間枠にした方がいいようです。

8. カウンセリング訓練への応用

　FATは、フォーカシングに限らず、共感的にかつていねいに相手の話に沿っていく傾聴訓練としても非常に有効です。その場合は「話し手に教えてもらう方法」ということになります。その場合は、フォーカシングの説明や教示はいっさいなくても、実際にはフォーカシング・プロセスが起こることが少なくありません。話し手が共感を教えるために、自分の言いたいことをていねいに確認してフィードバックを行なうことを促すだけで、話し手の中では伝え返しの言葉とフェルトセンスを共鳴させる作業が起こります。それはすなわちフォーカシングです

参考文献

Klein, J. 1995 Empathic Felt Sense Listening and Focusing. The Focusing Institute.

5-4 FATフォーカサーのための注意事項

日笠 摩子

1. 概要

アドバンス編のフォーカサーのためのヒントや注意事項をまとめました。自分に共感的な応答をしてくれるリスナーを作り出すためのヒントです。

2. 対象と目標

以下の注意事項は、フォーカサーに教えてもらう方法を行なう際の心得です。リスナーに教えるフォーカサーを実際に行なう前に読んでください。無理なく上手に、リスナーに共感的な傾聴を教えられるようになることが目標です。

3. フォーカサーのためのヒント

1) 一区切りずつ話しましょう

　　ひとりで話し続け、相手に伝え返しのチャンスもあげないなどということにはならないように。一区切りずつ、相手に伝え返しをしてもらい、相手の理解を確かめましょう。

　　話し始めには、背後の事情を伝えるために言葉数が多くなるかもしれませんが、その事情についての自分の気持ちに入ったら、相手が把握できるのはせいぜい2、3文でしょう。

2) 自分に必要なことを率直に伝えましょう

　　どんな理由であれ、自分が聴いてもらっていない、わかってもらっていない気がしたら、それを相手に伝えましょう。自分の気持ちは自分にとっての真実なのですが、必要なフィードバックをせず、自分をないがしろにする人は少なくありません。しかし、それは結局、自分のプロセスの邪魔になりますし、なにより、リスナーに共感を教える役割をさぼることになります。

「あなたが〜と言ったとき、私は〜という気持ちになった」

「〜というふうにしてくれますか」

「私は〜してほしい」のように、自分に必要なことを率直に伝えましょう。自分に必要なことを伝えるのは、自分の責任です。

「もうすこしゆっくり進んでくれますか」

「今言ったことをそのまま返してくれますか」

「その質問のかわりにこの質問を言ってくれますか」のように、具体的でその人にできることを教えてあげるのが、本当の親切ですし、相手の役に立ちます。

3) フィードバックをする場面とやり方

　　以下に、具体的にどういう場面にどのようにフィードバックをすればいいのかを箇条書きであげておきましょう。

- ・反応がちょうどいいか、もっと望ましい応答があればそれを伝える
- ・言ってもらいたいのに得られなかった反応をもう一度求める
- ・黙っていてほしいときに、「ちょっと待ってください」と言う
- ・くり返してほしいとき、それを求める
- ・反応が部分的には正しいけれど完全じゃないとき、そう伝える
- ・感情や強調をもっとつけてほしいとき、それを求める
- ・反応をもっとゆっくり返してほしいとき、それを求める

4) 自分のフェルトセンスをていねいに確認しましょう

　　フォーカサーにとって一番大切なのは、話しながらも自分自身に本当に耳を傾けていることです。つまり、フォーカサーがフェルトセンスに触れていることです。フォーカシングの基本的な態度ですが、自分自身を大切にすることです。伝え返しが正しいかどうかを確かめるもとになるのは、自分の言葉ではなく、自分のフェルトセンスです。自分のフェルトセンスは自分の言葉でぴったり表現できているとは限りません。ですから、リスナーの伝え返しが自分の言葉の正確な伝え返しであっても、フェルトセンスにはぴったりこないときには「ちょっと違って……」と修正してください。言葉よりもフェルトセンスを尊重しましょう。

5) リスナーへのフィードバックは自分のフェルトセンスから

　　そのように自分のプロセスを大切に、ていねいに共鳴の作業をすることか

ら、自然に、リスナーへのフィードバックは生まれます。リスナーの反応をフェルトセンスにつき合わせて、必要なフィードバックをしましょう。

　自分が何をしてほしいかリスナーに求めることは、社会的慣習には反するので最初は当惑するかもしれませんが、非常に大切なことです。ともかく、この練習の枠組みでは、それがルールです。実行してみましょう。このように自分の必要を伝えることで、自分の力が感じられますし、自分で方向を定めコントロールしていくという主体的なプロセスの進め方を身につけられます。

6) フィードバックと批判の違いを知っていること

　フィードバックとは、一般的に、
- ・歓迎されるもの
- ・役に立つもの
- ・教えてもらってよかったと思ってもらえるもの
- ・リスナーから「完璧にやらなくては」という重荷を取り除くもの
- ・フォーカサーに主導権があることがわかりリスナーを楽にしてくれるもの

です。

　それに対して、批判(criticism)とは、
- ・リスナーの動きを止めてしまうもの
- ・冷や水を浴びせられやる気を失わせるようなもの

です。

　一般的にはこのような違いがあると言われます。フォーカサーとしてリスナーに教える場合には、批判で相手をつぶすのではなく、相手に役に立つフィードバックをあげるようにしましょう。5－6の実習では、自分にとってのフィードバックと批判の違いを体験してもらいますが、その実感が上手に教えるための基盤になることと思います。

7) 訂正をするときに気をつけること

　リスナーがよいリスナーになりたいと望み努力しているので、それを支え伸ばしてあげるように、教えてあげましょう。そして、フィードバックはリスナーが学んでいくためには欠かせません。フィードバックをあげないことはリスナーが学ぶチャンスを奪うことになります。リスナーの学ぶ機会を奪うことのないよう、積極的にフィードバックをあげましょう。

4. まとめ

　このように注意事項をいろいろとあげると、大変な作業のような気がするかもしれません。しかし、基本は、自分のペースで自分に必要なフォーカシングのプロセスを進めることです。そして、それをするためには、ひとりで進めるよりも、共感的に聴いてくれるリスナーがいる方がずいぶん楽なのです。この手順全体が、自分のプロセスのために、自分に必要で自分に都合のいいリスナーを作るためのものなのです。

　「『使い勝手のいいリスナー』を作る方法なんですね」と言ってくれた参加者がいました。その通りだと思います。皆さんも実際に行なって確かめてみてください。

参考文献

Klein, J. 1995 Empathic Felt Sense Listening and Focusing. The Focusing Institute.

NOTES

FATリスナーのための注意事項

日笠 摩子

1. 概要

　フォーカサーに教えてもらう方法でのリスナーのための注意事項です。間違えてもいいという楽な態度でフォーカサーからフィードバックをもらうことで、共感的にフォーカサーのプロセスに沿っていくリスナーになるためのヒントをまとめました。

　もちろん、ここで書いてあることを金科玉条とするのではなく、セッション中にはフォーカサーが自分のフォーカシング過程のその瞬間瞬間にどう聴いてほしいかを教えてくれるはずですから、それに従うのが第一です。そのような関係を作るための注意事項だと思ってください。

2. 対象と目標

　下の注意事項は、FATを行なうためのものです。この方法を実際に行なう前に読んでください。リスナーとして楽に、かつ、フォーカサーに沿っていく聴き方ができるようになることが目標です。

3. リスナーのためのヒント

1) 話が一区切りするたびに、理解を確認します

　　自分が覚えきれないほど、フォーカサーの話が長く続かないよう注意してください。話が長すぎてついていけないと不安になったら、話を止めて、「ちょっと今までおっしゃったことをくり返していいですか、自分がわかっているかどうか確かめたいので」とお願いして、自分の理解を伝え返しましょう。

2) わからないときの対応

　　相手が言っていることがわからなくても一段落聴き続けて、わかった範囲で、「全部わかっているかどうか分からないですけど、わかった範囲では…」と伝え返しましょう。

ただし語句を1つ2つ聴き逃した場合は、すぐ問い返して教えてもらった方がいいでしょう。

3) 修正されたときの対応

フォーカサーの発言を伝え返したら、フォーカサーに「いや、私の言いたかったのはそういうことじゃない」「近いけどちょっと違って……」と訂正されたときには、すぐにそれを理解したことを伝えましょう。「そう、それは…ということじゃなくて…（訂正）という方が近いんですね」という具合です。

そうすると「そう、それが言いたかったんだ」とか、「その通り、そんな感じなんです」という反応が返ってくるはずです。それでつながりが回復します。

4) 正しくとらえられなくても大丈夫

正しく理解しなくてはいけないとか、全部わからなくてはいけないと考える必要はありません。必要なのはあなたがそこにちゃんといることです。修正されても、あわてたりショックで浮き足立ったりしないよう、正しくとらえられなくても大丈夫でいられることが大切です。

大きく間違えた場合には、相手の顔を見ていればすぐわかります。あるいは「違う、そういうことじゃない」とか「私が言いたかったのはそうじゃなくて」と言ってくれるはずです。

5) フィードバックと批判の区別

4) と関連して、フォーカサーからのフィードバックと批判の違いを感じ取れることが大切です。批判は拒否してもいいですが、フィードバックはきちんと受け取りそれを共感的理解に活かしてほしいからです。これについては5－6で詳しく述べます。

以下は、FATに限らず、リスナーとしての大切さとして確認しておきたいことです。

6) 自分のフェルトセンスを通して聴きます

フォーカサーの話したことをしっかりと受け取って、その話についてのフェルトセンスを持ちながら聴きましょう。話されたことの中に入って感じて、それが自分の中の何かに触れるか、自分に響くかどうか、を確かめながら聴きましょう。そして、自分のフェルトセンスに響く言葉を伝え返しましょう。

7) 自分のことは脇に置き、内側に相手の話を受け取る十分な空間を作ります

　　リスナーとして相手を受け取るためには、とりあえずリスナーをする間は、自分自身のことがらや気持ちは、それを認めた上で脇に置いておくことが必要です。

　　また、フォーカサーの話に対して自分自身の反応が起こってくることもありますが（例えば、「そんなことがあったなんて、なんてかわいそう」「どうにか助けてあげたい」等々）、自分の思いは脇に置いて、相手が話したことをきちんととらえることを第一優先にしてください。

8) どうなるかわからなくても大丈夫

　　リスナーにとって大切なのは、フォーカサーとつながっている感じを持てることです。フォーカサーがこれからどこに行こうとしているかがわかる必要はありません。

　　フォーカサーの進む方向がリスナーにはわからないけれど、フォーカサーにはわかっているらしいときには、自分が聴いた言葉を伝え返すことで、ただ寄り添っていく同行者になりましょう。

9) 伝え返すものは

基本的には自分のフェルトセンスに響く言葉です。加えて
- ・感情
- ・調子(tone)
- ・強調
- ・涙や笑いや深呼吸、静かに内面を見つめている様子など、身体的サインなども伝え返しに含まれるかもしれません。

4. まとめ

　話をきちんと聴いてもらえるというのは素晴らしくうれしい経験です。そして、そのように共感的に理解してもらいつつ、フォーカシングを進められることには大きな安心感があります。フォーカサーはそのようなリスナーに感謝するでしょうし、それはあなたにとっても大きな満足と喜びになることと思います。

NOTES

5-6 批判とフィードバックの識別

日笠 摩子

1. 概要

　フォーカサーに教えてもらう方法において、フォーカサーがリスナーに与えるフィードバックは、リスナーを傷つけるものではなく、リスナーが楽に技能を学び改善していくきっかけになるものでなくてはなりません。リスナーが学んでいけるような修正の仕方が求められます。フォーカサーが批判ではなくフィードバックを与えることができるために、また、リスナーが批判を拒否しフィードバックを受け取ることができるために、両者とも批判とフィードバックの区別ができることが前提です。

　このような、似ているが異なる言葉の意味は、からだの実感として識別できます。そのような言葉の微妙な意味の違いを体験するための実習を、クライン（1995）は識別（decerning）実習として工夫しました。ここでは、批判とフィードバックの識別実習を紹介しましょう。

2. 対象

　FATを実際に行なう前の準備的課題として、グループ実習で行なうとよいでしょう。

3. 目標

　フォーカサー、リスナー両者が、批判とフィードバックの違いを体験的に実感することで、FATでフィードバックを上手に与え、与えられるようになることが目標です。FATを安全に実施するための準備となります。

4. 教示の実際

　識別実習とは、似ている2つの語句の微妙な違いをフェルトセンスを通して実感する実習です。ここで取り上げる語句は、「フィードバック」と「批判」です。これらはどちらも、自分が失敗したりうまくいかなかったときに周りの人から受け、それによってその後の行動が影響されるものです。「フィードバック」の方は日本語では分かりにくいかもしれませんが、失敗も含めて自分の行動の結果を教えてもらうことが次の行動に役立ったという場合のことです。

　それぞれの語句を内側に取り入れてフェルトセンスが浮かぶのを待ちましょう。それぞれの語に独特の意味感覚が感じられるまでゆっくり時間をかけてください。

1) まず、何回か深呼吸してリラックスしましょう。目を閉じた方がよかったら閉じてください。
2) 最初の言葉は「批判」です。批判という言葉を聞いて思い出す場面はあるでしょうか。何か自分が失敗したりうまくいかなかったときに、周りの人から言われて批判されたと感じた場面です。あるいは、人の指摘で腹が立ったり傷ついて、間違いを正す方向には役に立たなかったような場面です。
3) そのような場面を思い出すと、自分のからだはどういうふうになるでしょうか。

_____
_____
_____

4) また、そのような場面で、自分が一番嫌だったのは、相手のどういう態度や言い方や言葉だったのでしょうか。

_____
_____
_____

5) では、批判されたときの感じをまだ覚えている自分のからだにはやさしくしつつ、その場面は脇に置いておきましょう。

5　6

6) 次の言葉は、「フィードバック」です。フィードバックという言葉は使い慣れていないかもしれませんが、批判と同じように自分が失敗したりうまくいかなかった場合に誰かに指摘されたことで、その後自分が上達改善するために役に立ったという場面を思い出してください。教えてもらったという感じがしたような場面です。

7) その場面を思い出しながら、フィードバックを受けたときの自分のからだの感じはどういうふうになるでしょうか。

8) また、教えてもらえた、役に立ったという気になったのは、相手のどういう言葉、態度があったからでしょうか。

9) ①批判とフィードバックの感じ方の違いと、②フィードバックとして望ましい態度や批判と感じられるのでさけてほしい態度を、グループで共有しておきましょう。

5. ふりかえり・かんたんな解説

　この実習では、同じような失敗の場面に人から言われる言葉が、批判として否定的に感じられ、苦しく傷つき腹が立ち、しかも結局それが改善に役に立たない場合と、その指摘をうれしく受けとめ改善につながる場合とがあることが分かります。しかも、それを私たちはかなり明らかな違いとして実感しています。

　批判の場合は、緊張、身動きがとれない、怒り、シャットダウンしてしまう、などという反応がよく出てきます。それに対しフィードバックでは、リラックスして、もう一度やる気になる、素直になる、などが報告されます。

　グループで感想を出し合うと、同じ言葉や場面でも人によって受けとめ方も違えば、受けとめやすい態度としてもいろいろだということが見えてきます。そのような個人の違いも全体で分かちあいながら、お互いに受け入れやすいフィードバックの仕方を確認しておきましょう。それが、実際のFATを、厳しい修行の場ではなく、安全に楽に学びあう場にするための準備になると思います。

6. 注意事項・配慮すべき点

　ここでは批判とフィードバックの比較が課題ですが、日本語では、フィードバックという言葉になじみが少ないために混乱が起こることがあります。また、傾聴練習の中で時に、聴き手の伝え返しをフィードバックと称することもあるので、それがさらに混乱を招くこともあります。ですから、ここでは、フォーカサーの発言を共感的に理解しているかどうかを確認するためのリスナーからの発言を伝え返しと称し、その伝え返しに対してフォーカサーがフェルトセンスに共鳴させた上でOKを出したり修正したりするものをフィードバックと称します。言葉の使い方で、混乱しないようにご注意ください。

7. 発展や応用、バリエーション

　この実習後のふりかえりは一石二鳥に用いることができます。FATが批判的な場にならないよう確認することが第一目標ですが、加えて、FATのフォーカサー側を意識的に行なう練習の場に利用できます。つまり、この分かちあいの際に、ひとりひ

5-6

とりの発言に対して、スタッフが伝え返しをし（ちょっとずれて応答して）、理解のずれがある場合にはそれを教えてもらうわけです。スタッフがリスナーになって意識的に修正を促すことで、参加者は、ゆっくりと共鳴をしてフィードバックをすることに慣れることができます。また、他の人のフィードバックを見ることも観察学習の場になるでしょう。

　ここでは、批判とフィードバックという二つの言葉を用いました。同じような手続きでの「識別実習」は、他の似ているけれど、微妙な違いがある言葉でも可能です。

　フェルトセンスを感じる実習としても、フォーカシング訓練の中で重要な概念や態度を学んでいく上でも、この識別実習が役に立つことがあります。例えば、フォーカシングをしてもいいかどうかの判断の際「安全ではない」と「快適ではない」という語感の違いを実感した上で、安全ではないときにはしないけれど、「快適ではない」範囲であれば取り組むというような判断基準とすることができます。

　フェルトセンスの実習や、それぞれの言葉を自分が、そして、他の人が、からだのレベルでどんなふうに受けとめているか、微妙な違いを正確かつ複雑に感じ分けていることを確認するにはよい練習です。

参考文献

Klein, J.　1995　Empathic Felt Sense Listening and Focusing. The Focusing Institute. pp17-19

NOTES

ガイドについて

日笠 摩子

1. 概要

　フォーカシングの聴き手をリスナーと言いますが、中でも初心者にフォーカシングのやり方を教えたり、フォーカシングが行きづまったときに手助けをする役をガイドと言います。ガイドと言えども、フォーカシングの場合、主導権はフォーカサーにあり、通常のガイドほど決まりきった道案内をするわけではありません（具体的なガイドの仕方についてはコーネルの「フォーカシング・ガイドマニュアル」参照）。

　ここでは、ガイドの提案の前提となる、フォーカシング・プロセスの見方を解説しましょう。フォーカシングでは内なるプロセスを知っているのはフォーカサーだけです。フォーカサーはそれをすべて語ってくれるわけではありません。ガイドは闇の中で応答していくようなものです。フォーカサーの言葉や様子という光をてがかりに、プロセス全体の流れをつかみ提案の必要性を感じ取る必要があります。そのための枠組みをまとめました。

2. 対象

　ガイドの練習を始めたい方。つまり、傾聴だけでなく、フォーカシング・プロセスを促す提案もできるようになりたい人。

3. 目標

　フォーカシング・ガイドとしての基本的なプロセスの見方を身につけること。具体的な工夫や提案はここでは触れませんが、提案を選ぶ前提として、全体を見渡すための枠組みを持てるようになってほしいと思います。

4．注意事項・配慮すべき点

1) フォーカシング・ガイドの基本は、フォーカサーに、そして、フェルトセンスに従うことです。そして、フォーカサーに教えてもらうという姿勢が基本になります。

2) プロセスの進展に従って、ガイドの種類は変わってきます。

　　ガイドの提案の種類は、フォーカシング・プロセスの進行状況によって異なります。フォーカサーが今、どのステップにいるのかを確認しながら進めましょう。まだ、取り組む話題もフェルトセンスも見つからないところなのでしょうか。気がかりは見つかったけれど、そのことがらについてフェルトセンスを感じるよりも話をしたいところなのでしょうか。フェルトセンスが見つかっているけれど、まだ表現できないのでしょうか。あるいは、フェルトセンスの一面だけが感じられ他の側面はわからない段階なのでしょうか。フェルトセンスの方が、いろいろとメッセージを伝えてくれるような、自律的に動くような段階になっているのでしょうか。そして、フェルトセンスからのメッセージを受け取ることで変化が起こっている段階まで来ているのでしょうか。

　　フォーカサーの様子や語りから、どの段階にいるかを把握して、その段階にふさわしい提案をしましょう。

　　例えば、まだフェルトセンスがはっきりしない段階で、「あいさつをする」とか「問いかける」提案をしても受け入れられません。はっきりするまでは、しっかり眺めて描写することが必要です。逆に、フェルトセンスの方が自己主張するようにメッセージを出すようになったら、描写をするよりも、問いかけて、そちらの言い分を聞いてあげることの方が自然です。段階に応じたガイドをするためにも、プロセスのどういう段階にあるかを見極めることが必要です。

3) フォーカサーとフェルトセンスの関係の質に注目しましょう。

　　フォーカシングのプロセスは自然にステップに従って進行します。それが行きづまるのは、フォーカサーがフェルトセンスに「フォーカシング的な態度」、その存在を認めて、興味と関心を持ちながら、ただ何もしないで、ゆっくりと表現が生まれるのを待つ、という態度ができなくなったときです。

　　ガイドは、フォーカサーの語る内容に従っていくだけではなく、フォーカサーとフェルトセンスの関係をモニターしましょう。そして、フォーカサーとフェル

トセンスの友好関係あるいは中立的関係ができていないとき、あるいはそれが壊れたときには、提案をしなくてはなりません。「批評家」と言われる自分を責める声が出てくるのが代表的な場面です。表現としては同じ「胸の苦しさ」があっても、中立的に報告しているのか、それを取り除こうとしているのか、フォーカサーが、そのフェルトセンスをどのように受けとめているかに注意を払ってください。もし、フォーカサーがフェルトセンスに拒否的な関係になっていたら、より友好的な関係、少なくとも中立関係を育むよう提案をしましょう。

また、フォーカサーがフェルトセンスと一体化したり、近づきすぎて圧倒されてしまうこともあります。距離についてもモニターしつつ、ガイドしましょう。距離の調整について、1つだけ言葉づかいの上でのヒントをあげておきます。気持ちが強すぎて圧倒されるようなとき（近い場合）には、遠感覚の表現を使うと自然と距離がとれるようです。視覚・聴覚です。「眺める」「全体の大きさは」「声をかけてみる」などです。逆に、感じにくいものの場合（遠い場合）や快適な感じには、触覚・味覚など近感覚の表現を使います。「味わう」「触れる」「浸る」などです。時にフォーカサーが「苦しい」と言っているのに、初心のガイドが「その感じを味わえますか」などと提案するのを聞くことがあります。苦しいものを味わうのは酷ではないでしょうか。不快なものには、上手な距離を置いて観察できるような提案をあげましょう。

4) フォーカサーの発言は誰から誰への発言でしょうか。

フォーカサーの発言は、フォーカサーからリスナーへのものだと通常は考えられますが、フォーカサーは内側のフェルトセンスとの対話も行なっています。ですから、自分やフェルトセンスに話しかける言葉を言うこともあれば（「もやもやでいいのかなあ（確かめるように）」）、フェルトセンスからの言葉を発言することもあります（「もう嫌だと言っている」）。フェルトセンスの描写を誰にともなく報告していることもあります（「なんかもやもやして霧のようです」）。また、リスナーの提案や伝え返しに対して注文や修正をすることもあります（「そう言われるとちょっと違って・・」）。

ガイドは、フォーカサーのそれぞれの発言が、誰から発して誰に向けられたものか、確かめながら応答しましょう。

フォーカサーが自分に、あるいはフェルトセンスに話しかけている言葉がフ

ォーカシング的な態度に合致したものであれば、応答の必要はありません。しかし、もし、それが否定的な批判的な発言であれば（「こんなのはなくなってほしい」）、それにはフェルトセンスとの友好関係を取り戻すようなガイドが求められます。

　フェルトセンスからの言葉や、フェルトセンスの描写については、ていねいな伝え返しをして、その言葉とフェルトセンスを共鳴する手伝いをしましょう。しかし、リスナーへの要望を発言しているときには（「困ったなあ」「どうしたらいいだろう」などと微妙な形でのものもあります）、伝え返しは意味をなしません。要望にはきちんと答えて、修正や注文に応じたり、提案をあげましょう。

　もちろん、リスナーへの要望なのか、フェルトセンスの表現なのか、分かりにくいこともあります（「どうしていいかわからない」）。そのような場合には、フォーカサーに確かめればいいのです。（どうしていいかわからないのはフェルトセンスの気持ちなんでしょうか、それとも・・さんがここでどうしていいかわからなくなっているんでしょうか。）

　このようにフォーカサーの発言が「誰から誰へのものなのか」を区別しながら聴くことで、伝え返しをするかガイドとしての提案をするか、応答の種類が決まってくるはずです。

5) 上記のような見方に基づいて、実際にどういう提案を行なうかというレパートリーは、『フォーカシング・ガイドマニュアル』『フォーカシング』『フォーカシング事始め』などを読み直して入力しておきましょう。そして、それを自分なりの表現で、そのときにあわせて使えるよう練習する機会として、FAT法やコーチ法を用いてください。

参考文献

Cornell, A.W.　1993　The Focusing Guide's Manual. 3ed. Berkeley Focusing Resources
　（村瀬孝雄監訳、大澤美枝子・日笠摩子訳　1996「フォーカシング・ガイドマニュアル」金剛出版）
Cornell, A.W.　1996　The Power of Focusing. New Harbinger Publications, Inc.
　（大澤美枝子・日笠摩子訳　1999　「やさしいフォーカシング」　コスモス・ライブラリー）
Friedman, N. 2000　Focusing:Selected Essays 1 pp125-133
　（日笠摩子訳　2004「フォーカシングとともに」コスモス・ライブラリー）
Gendlin, E.T.　1981　Focusing, Bantam Books
　（村山正治・都留春夫・村瀬孝雄訳　1982「フォーカシング」　福村出版）
Hinterkopf,E. 1997 Integrating Spirituality into Counseling
　（日笠摩子・伊藤義美訳　2000「いのちとこころのカウンセリング」金剛出版）
村瀬孝雄・阿世賀浩一郎・近田輝行・日笠摩子　1995「フォーカシング事始め」　金子書房

5-8 コーチつきガイド練習

日笠 摩子

1. 概要

　リスナーとして上達するためにはフォーカサーに教えてもらうのが一番ですが、ガイドとしての提案を工夫したり新しい方法を学ぶには、熟練したガイドから教えてもらうことも役に立ちます。そのための練習法がコーチ法です。

　リスニングやガイドのやり方をセッション中に教える役をクライン（1995）はコーチと呼びます。コーチは、フォーカシング・セッションで、リスナーの隣に座り、必要なときにはいつも手助けに登場できる人です。ポイントはセッション中にすぐその場で対応することです。コーチはフォーカシングの過程の最中に、その場でリスナーからの相談を受けます。その相談を踏まえてフォーカシング過程はさらに進んでいきます。この直接性、即時性が大事な点です。フォーカシング過程が終わったあとの、提案や注意は推測でしかありません。コーチの提案がよかったかどうかは本当のところ分からないのです。しかし、その場でコーチからの提案を採用してみればその結果を知ることができます。

　コーチ法を私たちが使うのは、その瞬間に提案をすることがより体験的でより力強い教え方だからです。もちろんその場で教えるのはコーチだけではありません。フォーカサーも教えます。フォーカサーに教えてもらう方法という基礎があって、その上にコーチ法は成り立っています。リスナーもフォーカサーもコーチも皆が、共感を築くために努力するのです。そういう意味では、チームとしてフォーカシングのプロセスを進めるための取り組みといってもいいでしょう。

2. 対象

　この方法でリスニングやガイドを学ぶには、ある程度の経験を積んでいることが必要です。フォーカシング・コミュニティ（お互いが聴き手となってのフォーカシング実践グループ）でリスナー経験を積む中でリスニング技能を高めたいと思っている人、フォーカサーが行きづまったときガイドができるようになりたい人、初心

者にフォーカシングを教えるガイドになりたい人、など上級レベルの人の方がこの方法から学ぶところが多いと思います。

フォーカサーについても、FAT同様、ある程度の経験がある方が望ましいでしょう。

コーチは、フォーカシング・トレーナーとしての資格を持った人、それに準ずる人が行なう方が有益ですし無難でしょう。

3. 目標

フォーカシングのリスナー、ガイドとして新しいスキルを学ぶこと。

4. 教示の実際

1) 方法

コーチはリスナーの隣に座ります。

コーチがリスナーの手助けに入りたいときには、手で中断のサインを出します。それをリスナーは見て、コーチの提案を受けるのにふさわしいタイミングを見つけだします。そして、フォーカサーに「コーチと相談する間、そのまま感じ続けてください」と頼みます。コーチとリスナーは普通の声の大きさで（ささやき声ではなく）話します。その提案は、そのセッションのその場でどうすればいいかということに関するものです。リスナーの方からコーチに相談したい場合には、ただフォーカサーにそのままでいるよう頼んで、コーチに話しかければよいのです。

2) 準備

コーチはやり方を参加者によく説明します。リスナー、フォーカサーともにフォーカシングの最中にコーチからの提案をもらうための中断があるということをよく理解しておく必要があります。コーチが介入を求めても、それをいつ受け入れるかを判断するのはリスナーです。リスナーの方がフォーカサーと直接につながっているので、フォーカサーが何を必要としているか、より敏感に感じているはずだからです。コーチは決してフォーカサーに向かって直接話しかけることはしません。常にリスナーを介して関わります。リスニングやガイドを学ぶ場面で大事なのは、フォーカシング過程そのものではなく、過程の進め方や共感的な聴き方を学ぶことです。

5-8

そしてそのための第一の教師はやはりフォーカサーです。フォーカサーはフィードバックをあげることを意識してほしいですし、リスナーはフィードバックを受け取って学んでいく気持ちでいましょう。

3) リスナーがコーチに援助を求めてもいい場面
  ・行き止まりの感じがして、どうしたらいいか分からないとき
  ・次のステップにふたつの可能性を思いついて、どちらがいいかを聞きたいとき
  ・自分が直前の応答が失敗だったと感じてはいるが、どう訂正したらいいか分からないとき
  ・フォーカサーからのフィードバックで混乱したときなど

4) コーチがフォーカシング過程を中断して、提案をする場面
  ・リスナーがフォーカサーについていけないとき
  ・フォーカサーがリスナーの応答を自分の内側に取り入れて、ぴったりかどうか確かめる作業をしていないとき
  ・フォーカシング的な態度がなくなってきたときなど

5) セッションが終わってからのふりかえり
  セッションが終わってからのふりかえりでも、リスナーは聴き方を学ぶことができます。コーチはリスナーとフォーカサーそれぞれに自分の感想をフェルトセンスからふりかえるように求めます。リスナーからセッションの感想を述べて、フォーカサーに落ち着く時間を与えます。

6) フォーカサーからのフィードバックの注意
  ①セッションをふりかえってもいいかどうか確認します。フォーカサーが終わってからもう一度フィードバックをする準備ができたかどうか、リスナーはそれを受け取る準備ができたかどうか、確かめてください。
  ②フォーカサーは自分のフェルトセンスに戻って、このセッションのリスニングが自分にとってどうだったかを感じます。まず、セッションでよかったところ、プロセスを進めるのに役立ったことから話してください。
  ③リスナーはそれを伝え返して、しっかり分かったことを確認します。それもフォーカサーは共鳴させ、リスナーは肯定的な感想を自分の中に取り込んで味わいます。
  ④フォーカサーは、もっと別のやり方があったのではないかと思うところ、あるいは自分がほしいような反応が得られなかったところの感想を1つか2つ話します。

⑤リスナーはこれもくり返して、ちょっと時間をとって、それを感じ、このフィードバックを今後役立てるやり方を考えます。

5. ふりかえり・かんたんな解説

上記5）6）でセッション後のふりかえりのやり方を述べましたが、ふりかえりはFAT同様、最小限にしましょう。基本的には、セッション中にオンタイムでコーチを受け、フォーカサーからフィードバックをもらい、学ぶのがこのやり方の「みそ」ですから。

セッション中に「タイムアウト」があることは、フォーカサーにとってプロセスに中断が入ることになります。コーチ法を体験したことのない人は、「フォーカシングの流れを妨げるのではないか」と心配されるようです。実際には、このコーチが入るときは、フォーカサーにとってもどうしていいかわからないときや苦しくなっているときであり、そのときにリスナーとコーチが相談しながら工夫してくれているのは心強いと受けとめられることが多いようです。また、「そのまま待っていてください」という指示で自分の内側に注意を向けていることは、何もせず自分の内側を見守るフォーカシング的時間になります。さらに、コーチとリスナーの相談の声は自然に耳に入ってきますから、その声を聞きながら、プロセスが進むこともあります。

まれに、感じにくい人の場合や微妙なフェルトセンスの場合、待っている間に消えてしまうこともありますが、必要なフェルトセンスは、このような中断があっても、感じられ続けることが多いのです。コーチ法を体験して思うのは、フォーカシングのプロセスはタフ（しっかり頑丈なもの）だということです。フォーカシングのプロセスを信頼する気持ちがますます強くなります。

6. 注意事項・配慮すべき点

くり返しになりますが、注意点を再確認しましょう。
第一に、コーチはフォーカサーに直接働きかけることはせず、リスナーに指導をしリスナーを通して働きかけます。これは、スポーツのコーチが実際にプレイをしないのと同様です。

この関係は、フォーカシングのプロセスでのリスナーとフォーカサーとフェルトセンスとの関係と相似関係にあります。フォーカシングでは、リスナーはフェルトセンスに直接働きかけることはしません。リスナーは、フェルトセンスへの関わり方をフォーカサーに提案するだけであり、直接フェルトセンスに関わるのはフォーカサーです。リスナーがフェルトセンスと対話するのではなく、フォーカサーがフェルトセンスと対話できるようリスナーは促すだけです。同様に、コーチはリスナーに、フォーカサーへの関わり方を提案するだけであり、直接フォーカサーには関わりません。

　とはいえ、コーチとの相談はフォーカサーにも聞こえる普通の声で行ないます。ささやき声で相談されるとフォーカサーはかえってそれが気になって、内側への注意がおろそかになりがちだからです。また、コーチの提案の中にはプロセスを進めるために役に立つものも多く、聞こえたものは利用してもらえばいいからです。オープンに３人が協力し合うことで、その状況全体がフォーカシングを促進する場となります。

　しかし、フェルトセンスを感じにくい人や、微妙なフェルトセンスとつきあっている場合には、コーチ法の手続きは負担かもしれません。感じが消えやすい場合、コーチと相談している間に分からなくなってしまうこともあります。そのようなプロセスのリスニングやガイドについては、コーチ法よりも熟練のガイドを観察することで学ぶ方がいいかもしれません。

7. 発展や応用、バリエーション

　上記は、フォーカシングの上級ワークショップで、同レベルの参加者どうしがフォーカサーとしてもリスナーとしても参加する場合でのやり方です。

　さらに上級レベルとして、フォーカシング・トレーナーになるための訓練では、まったくの初心者をフォーカサーとして、このコーチ法で練習を積むことも可能ですし、有意義です。もちろん、その際には、初心者のフォーカサーの方に、コーチ法のやり方を説明し、リスナー訓練の一環であると了解いただいた上で進める必要があります。

参考文献

Klein, J.　1995　Empathic Felt Sense Listening and Focusing. The Focusing Institute.

第6章
応用編

インタラクティブ・フォーカシングとは

宮川 照子

インタラクティブ・フォーカシングはジャネット・クラインによって開発された手法です。クラインはセラピーでインタラクティブ・フォーカシングを使いますが、私たちは、インタラクティブ・フォーカシングの練習そのものから豊かな経験をすることができます。

インタラクティブ・フォーカシングは、お互いにからだの感じに触れながら話をし、話を聴きます。フォーカシングは具体的な話をしないですむところがありがたいところですが、インタラクティブ・フォーカシングでは、具体的な話を聴いてもらうことができます。

基本的には、話し手が話し、聴き手が伝え返す、そして、聴き手が聴きながら感じたボディセンスのエッセンスを話し手に伝えるというものです。クラインはフェルトセンスという言葉を使わずにボディセンスという言葉を使います。手順としては至極簡単でありながら、実はそう簡単でないのは、からだの感じを感じる部分を大切にするからです。

インタラクティブ・フォーカシングにはいくつかの約束ごとがあります。
・聴き手は話し手の話がよく分からなくても、質問をしてはいけない。
・聴き手は話を聴きながら自分が感じることや考えを相手に伝えてはいけない。
・聴き手は話し手の言葉を必ずしも正確に返さなくていい。

不自然であったり窮屈であったりしますが、この枠を守ることでインタラクティブ・フォーカシング特有の威力が発揮されます。話の内容や筋道が分からなくても質問をしないのは、聴き手の考えで話し手が話したいことを操作しないためであり、どこまでも自分のからだに響いたものを頼りにするためです。話し手の言葉を正確に返さなくてもいいというのは、言葉を正確に記憶しようとするとからだの感じに触れることが難しくなくなるためです。聴き手が話を聴きながら自分の考えを伝えないのは、話し手が感じていることと聴き手が感じることをはっきり区別するためです。話を聴きながら自分が感じていることを伝えられないのはとても窮屈で不自然ですが、この枠組みは話し手をおびやかすことなく、話し手は自分の思いを十分伝えることができます。

話し手は、FAT（5-3）として、聴き手にさまざまな注文をします。まず何よりも、話し手が聴いてほしいように聴いてもらいます。「もっとゆっくり返してください」「この言葉をもう一度言ってください」などとお願いをし、またことがらの説明をしたいとき「ここは黙って聴いていてください」とお願いをすることもできます。聴き手から返ってくる言葉が違っているときは当然修正します。話し手は聴き手の言葉を自分のからだに共鳴させるという課題がありますが、これをおろそかにするといいFATになれません。また、話し手が聴き手に注文をしてくれると、聴き手は話し手をFATとして信頼できることになり、そうすると聴き手は言葉にとらわれずに自分のからだの感じに集中することができ、2人の関係はぐっと深まるでしょう。

　インタラクティブ・フォーカシングでは、話し手も聴き手もともに話し手の立場にたってボディセンスを感じる「二重の共感のとき」を共有します。聴き手が話を聴きながら感じたボディセンスのエッセンスを抽出して話し手に伝え、話し手も話したことを自分に共感的にふりかえり、話し終えて今どんな感じかをあらためて聴き手に伝えます。慣れるまで難しいところですが、からだが知っていることを信頼して内的な作業をしましょう。話し手にとっては思いがけないものをもらうことがあって、最初はびっくりしますが、からだに響かせてみるとまったく違った視点に立った見え方であることに気がつくでしょう。ここでは、話し手がもらいたいようにもらえばよく、聴き手に振りまわされる必要はありません。うまくいく時は、これはクラインがいう「黄金のとき」になります。話し手は十分共感的に聴いてもらえたという実感を味わうことができるでしょう。

　インタラクティブ・フォーカシングの大きな特徴は、話し手と聴き手が対等な立場でそれぞれの役割を自覚しながら進めることです。練習ではありますが、枠組みを守って話をしたり聴いてもらったりすると、何にもおびやかされることなく安心してそこに居ることができますし、共感的に聴いてもらえたという満たされた経験をすることができます。またこれは優れたリスニングの練習にもなります。

　ワークショップではシングル・ウイング（6-3参照）をすることが多いのですが、練習を重ねて手順になじんできたらフルセッションもしてみましょう。また、親しい仲間どうしこのインタラクティブ・フォーカシングの枠の中で話をすると思いがけず深いところで理解しあい、2人の関係が新しいものになり、場合によってはお互いに癒しあうことにもなります。

インタラクティブ・フォーカシングの方法

宮川 照子

1. 概要

お互いに、話を聴いてもらったり、聴いたりします。話を聴くときに言葉を聞くだけでなく、聴き手は、話し手のからだの感じを感じつつ自分のからだに共鳴させながら話を聴きます。

インタラクティブ・フォーカシングの枠組みを踏みはずさないことが大切なことで、話を聞きながら感じるボディセンスのエッセンスを抽出してそれを話し手に伝えるのが大きな特徴です。

2. 対象

フォーカシング経験者であると修得が容易ですが、フォーカシング経験がない人でもできます。いずれにしてもくり返し練習することが求められます。

3. 目標

聴き手は、話し手のからだの感じを自分のからだで感じながら話を聴くことが大きな課題です。聴いているときは自分が感じることや自分の考えを伝えずに、相手が感じていることと自分が感じることをはっきり区別します。話を聴きながらからだの感じが感じられないと、「二重の共感のとき」の意味がなくなります。話を聴きながら感じていたボディセンスに注意を向け、そこからエッセンスを抽出する作業ができません。いかにして自分のからだの感じを感じながら話を聴くかということが大きな課題です。

話し手は、目の前にいる聴き手に注文をしながら聴いてもらうことができます。聴き手が伝え返してくれる言葉を自分のからだで共鳴させながら、微妙な違いを修正します。このからだの感じを大切にすると言いたいことが変化しますので、このプロセスをていねいに扱うことがもう一つの課題です。

4．教示の実際

1) 話し手が話します。
2) 聴き手が伝え返します。
3) 話し手は聴き手の言葉をからだに共鳴させます。（1～3をくり返す。）
4) 二重の共感のとき。
5) 聴き手が感じたことを伝えます。
6) 役割を交替します。
7) お互いの確認。

0) まず準備段階として：

　　話し手と聴き手が決まったら、まずからだの緊張をほぐし、注意をからだの内側に向けて、たっぷり呼吸をしながら気持ちが落ち着くのを待ちます。

　　話し手は、目の前にいる人に聴いてほしいテーマを自分のからだに相談するように聞いてみます。テーマが立ち現れてきたら、話の筋道は考えないで、そのテーマの中で最も大切なこと一番わかってほしいことは何か、そしてそれを思い浮かべるとからだはどんな感じかを確かめて、目を開けます。聴き手は自分の気がかりを脇に置く作業をして、相手の話を聴くことができる空間をからだの中に準備します。

1) 話し手は自分のからだの感じに触れながら、ゆっくり話します。どこまでも目の前にいる聴き手に聴いてもらい、聴き手を置き去りにして独り言のように話しません。また、聴き手に注文をすることができます。たとえば、「もっとゆっくり言ってください」「この言葉をもう一度くり返してください」「この部分は伝え返しの必要はありません（ことがらの説明など）」

2) 聴き手は、話し手のからだの感じを感じようとしながら、自分のからだに響いた言葉を伝え返します。全部の言葉を返す必要はありません。また必ずしも正確である必要はありません。これは正確に言葉を記憶しようとすると、からだの感じを忘れてしまうからです。違うときは話し手が修正してくれますから、話し手を信頼して自分のからだの感じに集中します。このとき聴き手は自分が感じていることや自分の考えを話してはいけません。

3) 話し手は、聴き手から返される言葉を自分のからだに共鳴させて、これが言いたかっ

たことかどうかを確かめます。言葉の違いに気がついたら些細なことでも訂正します。また、さっきは確かにそう言ったけれど、聴き手の言葉を聴いてみると、言いたかったことが変化していることに気づくことがあります。自分でも予期しないことで驚くことがありますが、からだの感じに触れながらていねいに修正します。ここは、インタラクティブ・フォーカシングの大切なプロセスです。

4) 話し手は、話が一区切りついたら、聴き手にお願いをします。
「今の私の話が私にとって何だったか、私の身になってあなたのボディセンスを感じてください。」聴き手は、話を聴きながら感じていたボディセンスにあらためて注意を向けて、そこからボディセンスのエッセンスがでてくるのを待ちます。それは象徴的な言葉であったり、イメージであったり、短いフレーズであったりします。それを話し手に伝えます。今聴いた話のくり返しや、要約ではいけません。

聴き手がその作業をしているとき、話し手は自分の話をふりかえり、話し終えて今どんな感じかを確かめます。話し手も聴き手もともに内的な作業をします。

話し手は、聴き手からもらう言葉を自分のからだの中に取り入れてフィードバックをします。また自分でふりかえったときに感じたことも伝えます。これが、「二重の共感のとき」です。

5) ここで、話し手は話を聴きながら聴き手が感じたことをたずねます。
6) 話し手と聴き手の役割を交替します。
7) 終了したら、この経験を通して今相手についてどう感じているか、自分についてどう感じているか、お互いに今の感じを分かちあいます。

ワークショップでは、4)までを3人組で行なうのが効果的で安全です。(6－3参照)

5. ふりかえり・かんたんな解説

参加メンバーの体験のプロセスを大切にして、それを伝えてもらいます。思いもかけない勘違いをしていることがよくあります。安心して話を聴いてもらうことは心地よいので、ともすると、目の前にいる聴き手を置き去りにして、夢中で話してしまうことがありますが、インタラクティブ・フォーカシングは話し手と聴き手が自分を大切にしながら、それぞれが自分の役割を自覚して行なう2人の共同作業であることを忘れてはいけません。

6. 注意事項・配慮すべき点

　具体的な話をしますので、何よりも安全であることが大切なことです。

　場が安全であることはもとより、ひとりひとりが自分の責任で自分の安全を守ることが求められます。やりたくないときは、理由が説明できてもできなくても、やらないことです。

　話を始める時に、目の前にいる人にこのテーマを聴いてほしいかどうか、からだで確かめることも大事なことです。聴き手によって話したい内容は変わります。

　インタラクティブ・フォーカシングの枠組みは不自然であったり窮屈であったりしますが、この枠組みをはみ出さないよう注意します。この枠組みからはずれた時や、今手順のどこをやっているかはっきりしない時は、タイムをとって軌道修正をします。

7. 発展や応用、バリエーション

　話のテーマは、必ずしも気がかりと限らないでさまざまなものを試してみましょう。安全な場で、自分が経験した喜びやうれしかったことを聴いてもらうのも、またとない経験であり、2人の関係を深めるでしょう。いいリスニングの練習にもなります。

　練習を重ねて、からだの感じを十分感じられるようになったら、話のテーマを決めないで、何かわからないもやもやしたものから始めるのも思いがけないプロセスとなります。初心者の練習では、フォーカシングとの違いをはっきりさせて始めるのがいいでしょう。混乱が起きることがあります。インタラクティブ・フォーカシングは2人の共同作業です。自分だけの世界にこもらないようにしましょう。

参考文献

Klein, J.　1998　Interactive Focusing　Center For Interactive Focusing
Klein, J.　1999　Something is Happening Inside-Me　The Inside-People Press
Klein, J.　2001　Interactive Focusing Therapy　Center For Interactive Focusing
Klein, J.　2003　Interactive Focusing through Stories
クライン.J著　諸富祥彦監訳　前田満寿美訳　2005「インタラクティブ・フォーカシング・セラピー　カウンセラーの力量アップのために」誠信書房

6-3 小グループでの インタラクティブ・フォーカシングの練習

宮川 照子

1. 概要

少人数でインタラクティブ・フォーカシングをするときは、ラウンド・ロビンの形式で練習をします。全員が輪になって座り、話し手（A）は自分の話を隣の人（B）に聴いてもらいます。その聴き手（B）が次の話し手になり、隣の人（C）に聴いてもらいます。5人くらいまでがいいでしょう。

扇型の練習の仕方もあります。ひとりが話し手（A）になり、話を一区切りごと、まず隣の人（B）に聴いてもらい次に（C）に聴いてもらい、次に（D）と聴き手になってもらいます。次に（B）が話し手になり（C）、（D）、（A）に聴いてもらいます。多人数の時は、3人のグループに分けるのが効果的です。この3人組は、話し手（A）、聴き手（B）、オブザーバー（C）となり、次に、（B）が話し手、（C）が聴き手、（A）がオブザーバーになります。次は、（C）が話し手、（A）が聴き手、（B）がオブザーバーです。

2. 対象

まったくの初心者から、経験者まで、変化にとんだ練習の仕方として応用できます。ラウンド・ロビンや3人組の時は、「二重の共感のとき」までをします（ここまでを「シングル・ウイング」といいます）。3人組の時は、聴き手の他にオブザーバーにも「二重の共感のとき」を共有してもらいます。三重になります。

扇型は、話し手が話し、聴き手が伝え返し、話し手が共鳴させるところまでをやります。リスニングの練習に適しています。場合によっては、全部話し終えた後で「二重の共感のとき」をしてもいいでしょう。

3. 目標

　ラウンド・ロビンや扇型の練習はリスニングの練習として適しています。
　他の人のリスニングの仕方を観察できますし、自分が聴き手ならどんな伝え返しをするか仮想体験ができます。実際には言葉を発しないので緊張感も少なく練習ができます。また、継続的なグループでは練習の仕方に変化がつけられます。3人組は、オブザーバーが1人いることで、安全性が保たれます。話し手と聴き手がインタラクティブ・フォーカシングの枠からはずれたときタイムをとってそれを指摘し、またタイムキーパーの役目もつとめます。2人ですると、インタラクティブ・フォーカシングの枠からはずれても気がつかなかったり、変だと気がついても言い出せず混乱することがありますので、3人組の練習は安全であり、また効果的です。

4. 教示の実際

1) 場の緊張がほぐれるよう配慮します。
2) ひとりひとりがからだの緊張をゆるめたり、気持ちが落ち着きを取り戻すために時間をかけます。
3) 話をすることよりもリスニングの練習に重点をおきます。聞こえてくる言葉だけに頼らないで、話し手が感じているからだの感じを、聴き手は自分のからだで感じようとして、からだに共鳴させるのがインタラクティブ・フォーカシングのリスニングです。響いた言葉を伝え返します。
4) 話し手は、聴き手から聞こえてくる言葉を自分のからだに共鳴させます。
5) そこで感じる微妙な感じを大切に扱います。言葉の修正だけでなく、さっき言ったこととまったく違うことを言いたくなることがありますが、それを大事にしましょう。
6) 3人組の練習は、ひとりひとりの違いを楽しみましょう。とりわけ「二重の共感のとき」には2人からまったく違うものをもらいます。

5. ふりかえり・かんたんな解説

　初心者の場合、話を気持ちよく話して終わりということがあります。インタラクティブ・フォーカシングは２人の共同作業であることを忘れずに、からだの感じに触れながら話をし、そして聴くという部分を大切にします。ラウンド・ロビンや扇型は、全体に目を行き届かせることができるので、とんでもない脱線を防ぐことができます。

　どんな形態でもインタラクティブ・フォーカシング特有の枠組みからはずれないようにします。安全を保つためにも大切なことです。

6. 注意事項・配慮すべき点

　インタラクティブ・フォーカシングは、注意しなければならないことがたくさんありますので、その都度、どこにポイントを置いて練習するかをはっきりさせるといいでしょう。

7. 発展や応用、バリエーション

　経験を重ねたグループでは、シングル・ウイングだけでなく、5) の聴き手が話を聴きながら感じたことを伝えます。話し手から聴き手が感じたことを聴きたいという希望がでてきます。

NOTES

6 - 4 からだ ほぐし

白岩 紘子

1. 概要

　吐く息を意識する呼吸法を取り入れた「からだ　ほぐし」は、東京フォーカシング研究会のグループワークの中で、フォーカシング導入ためのものとして1984年ごろから行なうようになりました。この「からだ　ほぐし」の具体的な方法を紹介します。それぞれ時間と場に応じて単独でまたは、組み合わせてもできます。次の①から⑤まで通しでもできます。グループワークでは参加者が床に輪になって、からだほぐしのトレーナーの声かけで個別に行ないます。

　　①吐く息を意識する呼吸法　　（3〜5分）
　　②首回し　　（10分）
　　③足ほぐし　　（30〜40分）
　　④腕、足、上半身のストレッチ（10〜20分）
　　⑤目を閉じて吐く息を意識する瞑想　　（5〜10分）

2. 対象と応用

＊フォーカシング導入のために
　①フォーカシングを学ぶ人たちのグループ　②単発的なフォーカシングの講習会
　③フォーカシングによるセラピー（心理治療）のためのグループ
＊その他にリラクゼーションや健康維持のために
　①学習会などやグループワーク　②身体的に何らかの病気や問題を持っている人たちのグループ　③リラクゼーションのためのグループ　④心身の健康維持のためのセルフボディワークとして

3. 目標

　呼吸法を取り入れた「からだ　ほぐし」によって、からだを整え（調身）、呼吸

を整え（調息）、こころを整えて（調心）、「からだとこころに間ができる」状態を感じます。そしてさらに、心理的にブロックされているものにフェルトセンスを手がかりにフォーカシングをします。「からだとこころに間ができている」ことで、その時々のフォーカシング体験や自己イメージなど自分自身のありのままを素直に受け取ることができます。

4．教示の実際

　5つのバリエーションに共通する約束ごとは、できるだけ息を長く、そしてゆっくり吐くことに集中しながら動作を行なうことです。

1）吐く息を意識する呼吸法
　　背筋を立てて、息を吐きます。吐きながら頭、目、ほお、肩、腕から力が抜けていくのを感じます。息が、のど、胸そしてからだの中心を通ってお腹に降りていく感じをイメージしながら行ないます。

2）首回し（首まわり、肩、上体のストレッチ）
　　目を閉じて、背筋を立て、頭の重さを感じながらゆっくり回します。左右どちらからでもいいです。首筋の痛みを感じたところで止めて、息を吐きながらストレッチをします。そして、また少し移動し、止めて、息を吐きます。一回りしたら反対回りをします。ゆるんでくるにつれて、頭はだんだん重く感じます。時間があれば、頭の重さを感じながら、肩甲骨、背中、脇などもストレッチします。

3）足ほぐし
　　ひとつひとつの動作を、長く吐く息に合わせてゆっくり行ない、部位の痛みの感じの違いや気持ちよさの感じの違いを充分に感じながら行ないます。

＊はじめに、両足を前に伸ばして、力を抜きながら上半身を前屈させます。
　この時のからだの感じを覚えておきます。
＊左足から始めます。
　1．足首をまわします。
　　　左足を、右膝より少し上において
　　　手前回し10回、反対回し10回

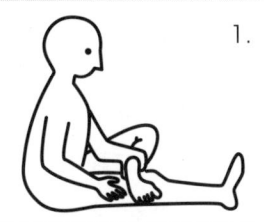

2. 足指の脇をもって、1本ずつ息を吐きながら抜くように引っ張ります。
3. 足の指の間を両手で開きます。第5指と第4指から始めて第1指と第2指までやります。
4. 第1と第2の指を上下（あるいは左右）に開きます。同じ足指を手を持ち替えて反対に開きます。1本ずらして第2と第3、第3と第4という順にやります。
5. 足指全部を足裏の方に曲げます。次に足の甲の方に曲げます。
6. 足のひねりです。
   ①右手を左足の下から甲を持ち、左手の親指と足裏の親指部分を合わせて、足裏を上に向けます。
   ②左手を左足の下から持ち、右親指部分と足の甲の親指部分と合わせて、下に押すようにし足の甲をひねります。
7. 左足指と右手の指で握手し、足首を大きくまわします。手前に10回、反対に10回まわします。
8. 握手したままで、足はリラックスし、右手の指に力を入れて強く握ります。次に右手はリラックスし、足指に力を入れます。
9. 足裏を手の左右の親指の爪で刺激します。
   ①はじめに足裏の第2と第3の指の間から3cmぐらいのところ、湧泉（ゆうせん）のツボから土踏まずの左に向かって斜めに5〜10回刺激します。
   ②次に親指全体を刺激し、指の間を刺激して、第2指に移ります。その要領で第5指まで刺激します。

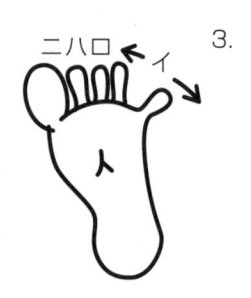

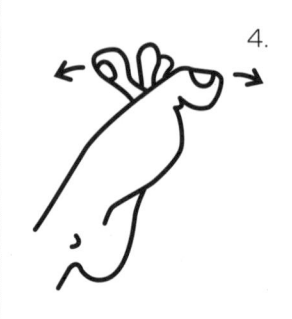

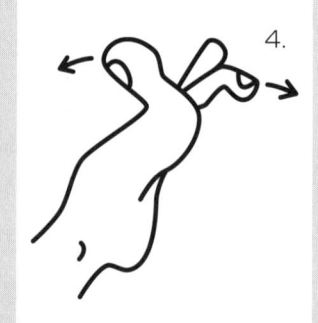

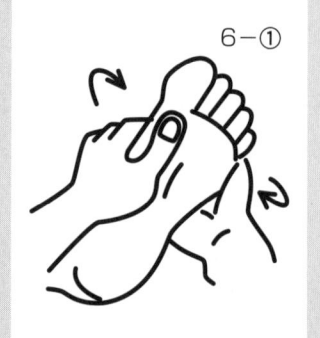

③第5指の付け根から指の付け根を親指に向かって刺激します。
　　　④親指の付け根から、かかとに向かって刺激します。また少しずらして指の付け根からかかとに向かいます。第5指まで繰り返します。

10. 足の甲の骨の間を刺激します。
11. 左足、脛、膝、腿の順に両手の指で3〜5回指圧します。
　　　①内くるぶしの回りから、内側を脛から腿まで指圧します。
　　　②足の外側を同じように指圧します。
　　　③真ん中と裏側を同時に指圧します。
12. 左足が終わったところで、両足を前に出して、息を吐きながら上体を前屈します。
　　はじめに行なったときとからだの感じにどんな違いがあるかを確認します。
13. そして、右足に移ります。左足の場合と同じ要領で行ないます。
14. 右足が終わってから、また両足を前に出して前屈して、からだと気持ちの感じの変化を確認します。

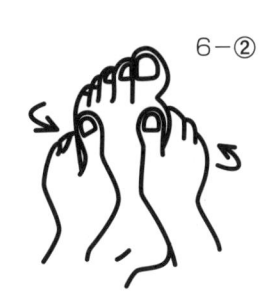

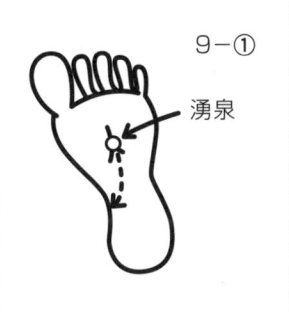

6-②

9-①
湧泉

4）腕、足、上半身のストレッチ
　床に上向きにねて腕、体側、腰などのストレッチをします。詳細を省きます。ひとつひとつの動作はゆっくり、吐く息に合わせて行ないます。

5）目を閉じて吐く息を意識する瞑想
　背筋を立てて座ります。息をゆっくり、吐き切るような呼吸をします。呼吸に集中しながら、からだ全体を感じます。頭に何か浮かんできたときは、息を吐きながらそれを流します。

5. 吐く息を意識する「からだ ほぐし」の意味と効用

● 身体的には

1) リンパ液、血流、内分泌の流れがよくなり、神経系の働きに影響します。

2) からだがゆるむにつれて呼吸が深くなり、副交感神経優位の状態になり、足ほぐしでは、連続してあくびが出ます。

3) 長く吐く呼吸を続けることは、脳のセロトニンが増えると言われています。
   注(1) p.38（セロトニンはストレスに関係する神経に働き、不安や恐怖心を呼び起こさないように、また逆に嬉しさから舞い上がってしまわないようにして平常心を保つように作用します。）

● 心理的には

1) 微妙な感じに注意を向けることで、からだの感覚への気づきをうながします。そして、自分のからだに自ら関わることで、主体的な感覚（注(2) 主体感覚）が育まれます。

2) からだの具体に集中することで、日常的なことや心理的なとらわれから一時的に離れることができます。

3) 自分のからだに気づき、からだが変わることを体験し、からだと気持ちが統合された感覚を体験します。

4) グループの場に対する緊張が取れて、安心感が生じてきます。

● フォーカシングにとっては

1) 心理的なものを含んだからだの感じであるフェルトセンスと、からだの内臓や部位の痛み、コリなどとの違いや、区分けが容易にできるようになります。

2) からだと気持ちに充分な間ができているので、フェルトセンスが感じやすくなります。

3) 自分のからだに主体的に関わり部位の感じを感じ、言葉にするというスタンスで、フェルトセンスを感じ、言葉にしていくフォーカシングのやり方に自然に移行していくことができます。

4) また、呼吸に集中しながら、からだ全体を観て、感じながらからだほぐしを行なっているときの態度は、フォーカシングで自分に向き合うときのニュートラルな態度と共通するものです。

5) 「体験過程は流れ」です。「からだ ほぐし」で痛みやコリが変化し、血流がよくなりますので、当然、心理的にブロックされているものが浮上しやすくなります。からだもこころも命は本来、とどこおっていることよりは、流れを求めています。からだにアプローチしてから、心理的なものにアプローチすることは、自然な流れです。

6．注意事項・配慮すべき点

「からだ ほぐし」は、頑張って痛みをともなうようにはやらないことです。腰痛、膝、関節に痛みのある方は、決して無理をしないでください。

参考文献
注(1) 有田秀穂・高橋玄朴　2002　「セロトニン呼吸法」　地湧社
注(2) 吉良安之　2002　「主体感覚とその賦活化」　九州大学出版会

NOTES

ぐるぐる描き

片山 睦枝

1. 概要

　フェルトセンスを絵ではなく、鉛筆描きの線や陰影だけで表現してみる実習です。描画ですが、絵の上手・下手は関係なくできるのが特徴です。3部から構成されており、1）感情や抽象概念を鉛筆の線や陰影で表現してみる。2）今の感じを感じながら、両手でぐるぐる描きをする。3）ぐるぐる描きをしながら、よりはっきりと感じられてきたフェルトセンスを鉛筆の線や陰影で表現してみる。特に何か目的がある、というワークではなく「遊び」でやってみることに意味がありそうです。ワーク中は常に内側の感じに触れ続けながら、しかも通常のフォーカシング・セッションとは違い、あまり探索的にならず、入り込まずにただ感じて、表現していきます。最後にでき上がった描画を逆さまに見たときに意外な感じをもらえるかもしれませんが、所詮「遊び」と楽しみながらワークしてください。(所要時間約90分)

2. 対象

　フォーカシング経験者は、1）を抜かして2）からでも大丈夫でしょう。経験者の方がおもしろがれるかもしれません。フォーカシング未経験者および初心者は、1）からやる方がいいでしょう。

3. 目標

　通常のフォーカシング・セッションとは違う表現手段を試せる「遊び」として。また、ずっと抱えている「変わりがたい何か」や「行きづまっている感じ」を違う視点から眺めてみることにつながるかもしれません。

4．教示の実際

準備）からだのチェックをしながら、今の感じを確認しておきます。

1) 「怒り」「悲しみ」「喜び」「落ち込み」など感情が起こってくるような言葉、「平和」「エネルギー」「女性性」「男性性」「幸福」など抽象的な言葉をそれぞれ内側で感じてみて、鉛筆の線や陰影で表現してみます。Ａ４の紙を8つに折って1コマずつ使います。1、2分感じる時間をとり、2、3分で描いていきます。最後の1コマは自分の好きな言葉を選んで表現します。描き終ったら、参加者どうしでふりかえりをするとおもしろいでしょう。

2) 次に今の自分を感じてみて、一番強く感じられる何か、もしくは気になっているテーマを内側で感じて、その感じを表わすキーワードを探す作業をする時間をとります。5分～10分くらいかけて、その感じが少しはっきりとしてくるまで感じてみます。これ以降は探索的な作業に入らないよう注意しながらワークします。

3) ぐるぐる描き………セロテープでＡ４の紙の四隅を横向きにして机に貼り付けます。2) でつかんだキーワードを紙の上に書いてもいいでしょう。色鉛筆を2色選び、両手に持ちます。内側を感じながら、両手で外側から内側に大きな○をぐるぐると3分くらい描き続けます。次に色鉛筆を持ち替えて、真ん中に小さな中心点を描き、今度はその点から外側の大きな○に向かって、内側から外側にスパイラル状にぐるぐると3分くらい描いてみます。外側から内側のぐるぐる、内側から外側のぐるぐる、何か感じの違いはあったでしょうか。グループで短いふりかえりの時間をとってみましょう。

4) Ａ４の紙に枠を描いて、今触れ続けている感じを鉛筆の線と陰影で表現してみます。その感じにふさわしい色鉛筆も1、2色使ってもいいでしょう。描く前に少し時間をとって、内側の感じに触れながら、2) で見つけたキーワードと共鳴させて、感じをしっかりと確認します。感じながら、描きながら、キーワードや感じが変化してくるかもしれませんが、今ある感じを表現してみましょう。

5) 描き終わったら、もう一度内側に「これでいいかな？」と確認してみます。ここで、全体を表現できそうなキーワードを探してもいいでしょう。確認できたら、絵を逆さまにして見てみます。どんな感じがするでしょうか。その感じも十分味わって終わりにします。グループで全体のふりかえりをしてみましょう。

5. ふりかえり・かんたんな解説

　フェルトセンスの表現は鉛筆での線や陰影でも表現しうること、探索的に内側につきあうのではなく、ゆっくりとその感じにとどまることができること、表現したものを違う角度（逆さま）から見ることで新鮮な感じが沸き起こってくること、などの体験が期待できます。特に、フェルトセンスに触れ続けながら、近づきすぎないというあり方そのものに意味があるように思います。

6. 注意事項・配慮すべき点

　第一の注意点はテーマや問題の感じに入り込まないように、教示者はワーク中に何度も「入り込まないで、そばに居続ける、触れ続ける」という教示をくり返してください。通常のフォーカシング・セッションとは異なり、新しい何かに気づいてすっきりとするというワークではないので、このワークが終わった後は通常のセッションをしたくなるかもしれません。従って、後でセッションの時間を持てるような状況（合宿など）で行なう方がいいでしょう。

7. 発展や応用、バリエーション

　要はイメージでも言葉でもなく陰影と線で表現していけばいいので、使える時間や状況に合わせてアレンジしつつ楽しんでみましょう。

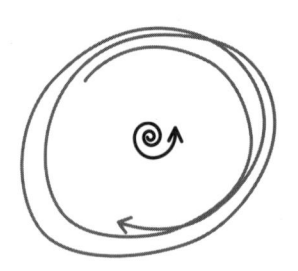

参考文献

Edwards, B. 1987　Drawing on the Artist Within
フォーカシング国際会議　1997　ドイツ
　ユルゲン・シュミット教授　Drawing (from) the Felt Sense

[悲しみ]	[怒り]
[落ち込み]	[喜び]
[エネルギー]	[男性]
[　　]	[女性]

6-6 連詩

日笠 摩子

1. 概要

　連詩はフェルトセンスにもとづいてグループで詩を作る、自由で楽しいことば遊びです。

　グループで、一人一人がフェルトセンスから生まれた詩句を紙に書き、その紙を隣に回します。次に、それぞれの人が回ってきた詩句を味わい、自分のフェルトセンスから生まれた詩句を付け加えます。それをくり返し、フェルトセンスから生まれるハンドルを連ねることで、詩が生まれていくのです。

　一人で詩を作ることには恥ずかしさや抵抗がある人でも、他の人との共同作業であり、また偶然性が加わることで、楽に詩の世界に遊ぶことができます。また、グループの人とのつながりも感じることができるゲームです。

2. 対象

　フェルトセンスをことばにすることができる年齢（小学校中学年）から可能でしょう。フォーカシングを知っていて、フェルトセンスを感じことばにすることになじんでいる人たちの方がやりやすいでしょうが、そもそも詩はフェルトセンスから生まれるもの、フォーカシングを知らない人たちにとっても、フェルトセンスに触れる機会になるかもしれません。

　グループの人数は5人から10数人がふさわしいでしょう。お互いのフェルトセンスとそこからの詩句が影響し合うので、それを許し合い楽しめるグループである方がいいでしょう。私たちはフォーカシング・コミュニティの仲間の集いや合宿でのお楽しみとして行なっていました。また、お互いに知り合うための遊び的な活動としてもふさわしいと思います。

3. 目標

　ことばからフェルトセンスが生まれることを感じ、さらにそこからことばが生まれるのを待ち、その連なりから生まれる詩を味わい楽しむこと。グループとしては、自分に触れながら、詩句を介して、他の人のつながりも楽しむこと。

4. 教示の実際

材料：B5あるいはA4の紙を縦長に半分に切った紙、各自1枚。筆記用具。
設定：グループがリラックスできる形で輪になって座ります。

1) まず、ゆったりとここに座っている自分を感じましょう。今の内側の自分はどんな感じでしょうか。今の自分の感じは、どんなイメージ、どんなことばで表現できるでしょう。ぴったりな表現が生まれるのを待ちましょう。

2) 今の自分の感じを表すことばや句が見つかったら、それを縦長の紙の一番上に横書き1行で書きましょう。（お互いに見知らぬ人たちのグループの場合、自己紹介を兼ねて、この最初のフレーズだけ読み上げてもいいかもしれません。）

3) グループ全員が書き終わったら、自分のフレーズを書いた紙を右隣の人に回します。そして、左から回ってきた紙をもらいます。このとき大切なのはゆっくり待つ姿勢です。一番ゆっくりな人のペースに合わせましょう。

4) 左から回ってきた紙のフレーズを眺め、黙って自分の中で唱えて味わいます。自分の中に生まれるフェルトセンスをゆっくり味わい、それを表現することばやイメージを見つけます。そして、それを紙の次の段に書きます。

5) 書き込んだら、紙を上から折り曲げて前の人の句を隠し、自分の詩句だけが見えるように残します。全員が書き終わったら、いっせいに隣に回します。

6) 次からは、4) 5) をくり返します。前の人の詩句から生まれるフェルトセンスを味わい、その表現を見つけては紙に書き込み、前の人の詩句を隠して、次の人に回すわけです。

7) 慣れてきたら、途中で、右回りから左回りに変えたり、一人おき二人おきにしたり、回す相手を変えると、いろいろな人のフェルトセンスからの詩句から自分のフェルトセンスを刺激することができます。（ただし、どの詩にも自分の詩句が入るためには、一度は全員で同じ方向に1周しておいた方がいいかもしれません。）

8) 紙の一番下まで折り込んできたら終了として、そのとき手元にある紙を広げます。そこには共作の詩が完成しています。
9) 次は連詩の朗読発表会です。一人ずつ手元にある詩を朗読して、皆で味わい、感想を述べ合いましょう。

5. ふりかえり・簡単な解説

連詩の試みは、作っている最中も最後の朗読会も、わくわくどきどきの軽く楽しい遊びの雰囲気になることが多いです。他の人の詩句が自分のフェルトセンスと交錯し響き合い、新しいフェルトセンスと新しい表現を生み出します。そして、その連なりからはさらに新しい意味の流れが生まれ、複雑な織物を成していきます。何より楽しいのは、最後に開けてみないと全体が見えないこと。意外な展開があったり、離れているフレーズ間にも不思議な響き合いがあったり、人との関わりの中で生まれる次の一歩に驚くこともしばしばです。

6. 注意事項・配慮すべき点

常に前の人ひとりの詩句だけしか見ません。紙を回すタイミングは、いつも一番ゆっくりな人に合わせます。

7. 発展や応用、バリエーション

きちんとした約束事を踏まえた連句・連歌も、他の人の詩句をきっかけとして生まれるフェルトセンスを詩句にして連ねるという意味では、同じような意味のある活動かもしれません。

NOTES

粘土を使ったフォーカシング

吉良 安之

1. 概要

　粘土遊びをしながら、言葉を使わずに自分の感じと対話する方法です。「フォーカシングは"からだの感じ"を大事にする方法だから、触覚的な素材と相性がいいのではないか」と考えたのが、この方法を思いついたきっかけです。

　粘土に触りながら感触を味わっていると、その感触は自分の内側の感じと共鳴しあい、私たちにいろんな思いを沸き起こします。そして粘土の塊のどこかに、私たちはふとある姿を見つけるのです。そうすると、今度はそれを手掛かりにして、私たちは粘土に自分の手で加工を加え、何かの形を作ろうとしはじめます。しだいに、粘土と自分との対話が生まれるのです。それは、自分の内側の感じとの対話でもあるのですが。

　粘土は触覚的なものであるとともに、視覚的なものでもあります。自分の内側の感じとつながったものであると同時に、自分の外側にあって見えるものでもあるのです。こころの半分内側、半分外側の存在である粘土の塊とのやりとりを通して、遊んだり、何かを発見したりするのが、この方法の楽しさです。

　私はこの方法を集団式で実施していますが、人数は5～6人が適当です。（所用時間は、教示に沿って各自がワークする時間が60～80分程度、その後のシェアリングも含めると、少なくとも120分は必要です。）

2. 教示の実際

1) 準備

　「この方法を実施する間、言葉は使わないようにしましょう。それぞれが黙って、自分と向き合うことにします。ではまず、自分のからだにゆっくり注意を向けてみましょう。私が注意を向ける体の部位を順に言いますから、それに合わせて、それぞれどんな感じがするかを確かめてください。そしてそこが堅くなっている感じがし

たら、少しゆるめていってください。頭の感じ、肩や首の感じ、胸の感じ、お腹の感じ、背中の感じ、お尻の感じ、腕や手の感じ、足や膝の感じ、足首やつま先の感じ。いいでしょうか。

　次に、ふだん自分が気持ちを感じるのは体のどのあたりだろうか、と確かめてください。体の部位のどのあたりで気持ちを感じているか、です。（………）いいですか。それが確かめられたら、体のその部分の感じを大事にしながら、粘土に向かい合ってみましょう。」

2) 教示

「今から、粘土を使って、自分の気持ちをゆっくり味わってみたいと思います。粘土をこねながら、聞いてください。粘土をこねながら、自分は粘土を使ってどんな形を作りたいかなあと、ゆっくり自分に聞いてみてください。いろいろと、さわったり、いじくったり、伸ばしたり、押しつぶしたりしながら、何か形が見えてくるかどうか、確かめてください。

　あまり何かの形を作ろうという気がしない人もあると思います。そう感じる人は、形を作らなくてもかまいません。粘土の堅さややわらかさ、重さ、冷たさなどの感触について、自分がどんな感じがするかをゆっくり確かめてみてください。

　こんな形のものが作りたいなあというのが感じられてきた人は、それを作ってみてください。もしもやってみて気に入らなくなってきたら、また別の形にしていってかまいません。

　何かの形を作ろうという気がしない人は、自分の気持ちのおもむくままに、粘土でゆっくり遊んでください。」

3) 粘土で作る時間は、45～60分くらい。

4) そろそろというところでの教示

「できあがったものを見ながら、それがどんな感じがするか、ゆっくり味わってみましょう。これから、自分に聞いてみる問いかけを3種類言います。自分にフィットしそうな問いかけがあったら使ってください。自分にフィットしないものは無視してかまいません。

　1つ目の問いかけです。『もしもこれが、自分の心の一部をあらわしているとしたら、それはどういう感じをあらわしているだろうか』。2つ目です。『これはどんな性質のものだろう。やさしいものなのか、こわいものなのか、明るいものなの

> か、暗いものなのか、楽しいものなのか、悲しいものなのか、それとも淋しいものなのか、堂々としているものなのか、びくびくしているものなのか』。3つ目です。
> 『これが自分に対して何かメッセージを伝えているとしたら、それはどんなメッセージだろう』。
> ゆっくり味わってみて、もういいかなあと感じられてきたら、おしまいにします。」

3. ふりかえり

皆でそれぞれの作ったものを見ながら、各人がどんなことを感じたか、言ってもいい範囲で話してもらいます。最後に、作品を写真に撮ります。

4. 注意事項・配慮すべき点

この方法では、その場で自分の内面に自然と思い浮かんでくるものとの対話が中心になります。ですから、時には思いがけないことが意識に浮上してくることもあります。したがって、参加者各自が「自分が体験したことを話しても大丈夫」と感じられるような安全感を持てる場で行なうのが望ましいですし、何かこころに納めにくいことが浮かんできたときには、後で個人的にやりとりができるような時間的余裕を見ておくとよいと思います。

また、はじめに「今日の自分のこころの調子に合わせて、無理のない範囲で実施してください」と伝えておくことで、参加者の安全感が保証されやすくなります。

NOTES

6　8　夢のフォーカシング

田村 隆一

1．概要

　フェルトセンスを使って、夢のワークを行ないます。最近の夢でも昔見た夢でも可能です。経験者にとっては、フォーカシングの技法の幅がひろがります。初心者でも、フェルトセンスを実感しやすいワークです。ひとりでも可能ですが、最初はガイドとともに行なうほうが簡単です。（所要時間15～40分）

2．対象

　フォーカシングを学び始めた初心者から経験者まで

3．目標

　自分の夢を、フェルトセンスを利用してからだで解釈します。夢を素材として「遊び」ます。

4．教示の実際

1) 夢の概要を思い出しましょう。今まで見た夢の中で、印象に残っている夢や、最近見た夢を1つとりあげましょう。どんな夢でしたか。概要を話してみましょう。（「夢のメモ」（p.177）に概要を書いておくと後の作業が楽になります。）
2) 夢の細かい部分を思い出しましょう。（ガイドがいる場合は、ガイドに夢の細部を少しずつ聞いてもらいましょう。）
3) 夢全体（あるいは印象に残った1つの場面）を思い浮かべたとき、どんな気分になりますか。からだはどんな感じでしょうか。ゆっくり感じてみましょう。
4) この夢から何を連想しますか。何か思い浮かぶことがありますか。連想したものを思い浮かべると、どんな感じがしますか。からだの感じを確かめてみましょう。

5) 夢の全体(あるいは夢の1つのシーン、1つの登場人物など、夢の一部分)に対して、質問を投げかけてみます。「質問早見表」(p.176)の中から、1つ質問を選びましょう。

夢を思い浮かべながら、その質問をからだに響かせてみましょう。(ガイドがいる場合は、ガイドに質問を選んでもらいましょう。)

6) 質問を響かせてみて、からだの感じが変化するでしょうか?確かめてみましょう。

7-1) もし、何か出てきたら、出てきたものを受け取りましょう。(もっと続けたいようであれば、5に戻って、別の質問を試してみましょう。)

7-2) あまり変化がなかったら、5に戻って別の質問を試しましょう。

8) これで終わっていいと感じたら、からだの感じを確認して終わりましょう。

5. ふりかえり・かんたんな解説

ここに示したものは簡単な手順です。質問早見表も簡略化しています。詳しくは参考文献を参照してください。夢の解釈にはいろいろな理論がありますが、どんな理論もフォーカシング的に利用できます。質問の形でからだに響かせてみましょう。

6. 注意事項・配慮すべき点

遊ぶ感覚が大事です。一生懸命やらないようにしましょう。1つの質問ごとにちょっと時間をとってフェルトセンスを感じましょう。1つの質問であまり変化がなかったら、あっさりあきらめて別の質問に移りましょう。

参考文献

Gendlin, E.T. 1986 Let Your Body Interpret Your Dreams. Wilmette, IL: Chiron.
(村山正治訳 1988 「夢とフォーカシング」福村出版)
田村隆一 1999 フォーカシングと夢分析—臨床上の有効性と留意点—
現代のエスプリ 382, 122-130 至文堂
田村隆一 2002 夢のフォーカシングとシフトの質的差異—最も古い夢フォーカシングの事例からの考察—
村山正治・藤中隆久編 「クライエント中心療法と体験過程療法 第12章」ナカニシヤ出版

質問早見表

1) 何が心に浮かんできますか
    夢について、どんなことを連想しますか。

2) どんな感じがしますか
    夢の中でどんな感じがしましたか。その夢がもっていた全体の感じを感じてください。
    生活の中で、どんなことがその感じに近いでしょうか。

3) きのうのことは
    （昨夜の夢）きのう何をしましたか。
    （以前見た夢）夢を見たころに、何がありましたか。

4) 場所は
    夢に出てきた主な場所から、何を思い出しますか。
    そういう感じのする場所はどこでしょうか。

5) 夢のあら筋は
    夢のあら筋を要約してください。
    生活の中でどんなところがその話に似ているでしょうか。

6) 登場人物は
    この人から何を思い出しますか。からだはどんな感じがしますか。

7) それはあなたの中のどの部分ですか
    登場人物があなたの心のある部分を象徴していると仮定してみましょう。
    その人のような性格や気持ちが自分の一部だとしたら、どう感じますか。

8) その人になってみると
    夢の登場人物のひとり（あるいは夢の中に出てきた物、動物）になってみましょう。
    イメージの中でその人（物、動物）になってみましょう。
    その人（物、動物）は、どんなことを言いたいでしょうか。どんな気持ちでしょうか。

9) 夢の続きは
    夢の最後か重要な場面を思い浮かべましょう。
    そして、そのまま待ってみましょう。次にどんなことが起こるでしょうか。

10) 象徴は
    夢で出てきた物や人が、何かの象徴だとしたら、どういう感じがするでしょう。

11) 身体的なアナロジーは
    夢で出てきた物や人が、あなたのからだの一部を表わしているとしたら、それはどこでしょう。

12) 事実に反するものは
    夢の中で目立って事実と違っているのは何ですか。夢と現実とで、感じ方の異なる部分は？

13) 子どもの頃のことは
    夢に関連して、子どもの頃のどんな思い出が出てきますか。子どもの頃に、この夢と似た感じを感じたことはあったでしょうか。

14) 人格的な成長は
    あなたはどんなふうに成長しつつありますか。
    あなたは何と闘っているのですか。何でありたいのでしょうか。何をしたいのでしょうか。

15) 性に関しては
    もし夢が性的なものに関連があるとすると、夢は何を言おうとしているのでしょうか。

16) スピリチュアリティに関しては
    夢は、創造的な可能性、スピリチュアルな可能性について何かを語っていませんか。

（ジェンドリン(1988)をもとに作成）

夢のメモ

タイトル

夢の概要

いつ見た夢？

場所は（どこ・どんな雰囲気）

登場人物は（どんな人、実在？、性別は、年齢は、どんな性格）

この夢から何を連想しますか？何の夢だと思いますか？

夢を思い浮かべるとどんな気分に？からだの感じは？

TAE

村里 忠之

1. 概要

　TAE（Thinking at the Edge：『辺縁で考える』）はジェンドリンの哲学（人間と言語に関する彼の洞察とその展開）から生じた新しい創造的な思考法です。自分のからだが知っているが、未だ言葉になっていない自分独自の「知」（それはそのことのフェルトセンスとして現れます）を、通常言語の壁を越えて言語化してゆく方法です。古来優れた詩人や思想家はこれを独自に実践してきたでしょう。しかし彼らはその方法を自覚的に伝えてはいません。TAEはこれが多くの人に可能になるように工夫されています。その意味でもTAEは、ジェンドリンの実践哲学の集大成ということができるでしょう。

2. 対象

　自分の専門領域で（知的な仕事に限らず家事なども含めて広い意味で）、何か言葉にしたいこと、されたがっていることを持っている人であれば、すべての人が対象です。例えば思春期の娘に何か伝えたい大事なことがある感じがするのだが、うまく表現できない場合なども。この作業の前提として、そのフェルトセンスをしっかり感じ、頻繁にそれに照合（フォーカシング）していくことが必要です。

3. 目標

　人は独自の思考の芽をフェルトセンス（からだの知）として持っているのですが、それを具体的に展開する方法を知らない場合があるでしょう。それを展開し、自分独自のフェルトセンスを含んだ言葉を持つことができ、他者と交流しあえたら、私たちの内的世界はどんなに力強く豊かになることでしょう。それはさらに外的世界のより良い変化にも寄与することでしょう。

4. 教示の実際

　ステップとしてレベル1（1〜9のステップ）とレベル2（10〜14のステップ）があります。レベル1の目的は自分の文章を持つこと、レベル2の目標は自分の理論を持つことです。各ステップにガイドの言葉があるので、それを簡潔に記しておきます。（詳しくはTAEに関する『FOLIO（2004）』のステップの項目を見たり、ワークショップで体験したりしてください。）

1) テーマになることを選んで、そのフェルトセンスに出てきてもらいましょう。
2) それを文章にして、その文があえて非論理的なところを含むようにしましょう。
3) その文のキーワードを選び、そこを空所にして別の言葉が浮かぶのを待ちましょう。これを2度やって、キーワードに代わる言葉を2つ見つけましょう。
4) キーワードとそれに代わる2つの言葉に何を言わせたかったのか、フェルトセンスに聴きましょう。
5) どんなことを言いたかったのか、新しい表現を用いて、それを表現する奇妙な文を作りましょう。
6) フェルトセンスを感じさせる具体的体験を併せて4つ書きましょう。
7) 4つの具体的体験それぞれの構造を見つけましょう。
8) 具体例を交差させましょう。
9) 今までの作業から、自分の文章を作りましょう。

　「自分の文章」ができると、それは今まで参照してきたフェルトセンスを常に想起させてくれるので、とても力づけられます。ここで終わっても良いのですが、さらにこれをあなたの理論に練り上げ、公共化したい人は次の5つのステップへと進みます。公共化すればそこには他の人々との豊かな交差が生じるでしょう。

10) 今までの作業から、改めて3つの用語（A、B、C）を選んで、それらを論理的に連結しましょう。
11) A=B、A=Cの二つの文のそれぞれが本来そうであるそのようなAの性質を見つけましょう。

12) これまでの作業から、あなたの最終的な用語を3つ、4つ選び、それらを相互に関係づけましょう。一つの用語を他の諸用語を用いて定義しましょう。この論理的結合が意味をなすかどうかを、あなたのフェルトセンスに問いましょう。これらの循環で文を作り、あなたの理論に必要な用語を作り出していきましょう。

　　論理的連結は内容とは無関係に作ることができるし、あなたのフェルトセンスにしたがってその新しい文を部分的に修正すればあなたにとって真である新しい文ができるでしょう。論理的であり、かつあなたのフェルトセンスに合致したあなたの論理システムは人を驚かせるほど重要でありうるかもしれないのです。

13) あなたの理論をもっと大きな他の分野に応用できるか、試してみましょう。またそれはささやかな出来事の理解にも役立つかもしれません。それを試してみましょう。

14) あなたの理論をあなたの分野でしっかり展開するには、どういう拡張や応用が必要かを検討しましょう。場合によってはこの作業に何年かけても良いでしょう。理論の機能は社会的であり、あなたのフェルトセンスから精確に語ることができれば、あなたの理解は私たちの社会に確立されるのです。

5. ふりかえり・かんたんな解説

　あなたのフェルトセンスから理論を作るためには、あなたのフェルトセンスから生じた用語の論理的結合が必要です。論理が意味を持つためにはフェルトセンスへの照合が不可欠です。人はフェルトセンスの力と論理の力との統合によって社会的に意味のある理論を作っていくことができます。TAEはこれを実践する有力な方法の一つです。理論までいく必要がない場合でも、ステップ9までの作業を通して自分の文章を作ることができれば、あなたはその文章の力によって、いつでもその文を可能にしてくれた自分自身のフェルトセンスに触れることができるし、人にその意味を伝えることができるのです。そこではあなたはあなた自身でありつつ、同時に他の人々と交流（ジェンドリンはこれを交差crossingと呼んでいます）することができるのです。

6. 注意事項・配慮すべき点

　TAEは自分がふだん取り組んでいることがらに関して、まだうまく言語表現できないが、もやもやしたからだの反応はあることから、からだがそれを「知っている」ことが分かる、そういう事をテーマにします。仕事上のいやな人間関係などが出てきたら、それは脇に置きましょう。（どうしても否定的な何かが出てくるときは、その背後に隠れている肯定的な微かなものに注目しましょう。それはあなたのからだが「知っている」知恵です。それを言語化することはとても治癒的です。）しかしTAEの本来の目的は人に伝えたい何かをはっきりさせることなのです。

　その際、あえて人に伝わらない自分にしかわからない表現を作ってみるのです。徹底してフェルトセンスに忠実に言語化しましょう。あえて矛盾を含み、文法にかなわない表現になるようにつとめましょう。複雑な言葉遊びの気持ちで取り組めばいいでしょう。

7. 発展や応用、バリエーション

　TAEの全ステップをいったん身につけると、後は自分のその時々の用途に合わせて、自由に各ステップを応用することができます。例えばステップ7の具体例から自分のフェルトセンスがそうだと言う型を取り出す練習も、自分の文脈に合わせて使うことができるでしょう。

参考文献

Gendlin, E.T.　1995　Crossing and Dipping　村里忠之訳「交差と浸る事」
Gendlin, E.T.　1997　A Process Model, Focusing Institute
Gendlin, E.T. et al.　2004　FOLIO Volume 19, No.1 Thinking At the Edge:
　A New Philosophical Practice
Gendlin, E.T. Don Johnson　2004　Firstperson Science　村里忠之訳「一人称の科学」
Kye Nelson　2003　Deep Thinking　ニューヨークでのTAEワークショップ資料
村里忠之　2005　TAEあるいは言葉の欠けるところ『フォーカシングの展開』ナカニシヤ出版

6-10 ホールボディ・フォーカシング

土井 晶子

1. 概要

　フォーカシングと、アレクサンダー・テクニークという姿勢法とを組み合わせたものです。基本的にはリスナー、フォーカサーともに立って行ないます。
　フォーカサーは、まず地に足がついた感じをしっかりと感じ、そこから感じられるエネルギーをからだ全体で感じます。ゆっくりとからだ全体を感じながら、同時に自分の中で注意を向けてほしがっているところはどこかな、と感じてみます。この全体と部分のつながりを感じ続けていると、新しい何か、「それ以上の」何かが生まれてきます。
　ホールボディ・フォーカシングでは、からだの内側から生まれてくる自発的な動きを感じ取り、その動きについていきます。この「内側からの自発的な動き」は、フェルトセンスを動きで表現することとはまったく違います。動きが「ハンドル」となり、その動きがそれまで自分が知らなかった新しい何かに導いてくれるのです。通常のフォーカシングのように「気がかり」から入っていくのではなく、からだで感じられていることそのものに直接触れていくところからスタートします。

2. 対象

　フォーカシング経験者。初心者でもできますが、フォーカシング経験を積むにつれてホールボディ・フォーカシングの経験も深まるように思います。
　アレクサンダー・テクニークについては、知らなくてもできます。

3. 目標

　フォーカサーは、からだ全体の感じと、注意を向けてほしがっているところの感じの両方を同時に感じ続けることが大きな課題です。この2つを同時に感じて待っていると、からだの内なる知恵が次のステップを教えてくれます。それがどんなこ

とであれ素直についていくことが重要です。頭で判断したり、あれこれ意味を探ろうとしたりはしないこと。

　リスナーは、フォーカサーの話や動きから感じられる感じを、自分のからだ全体で感じながら聴きます。自分自身も地に足がついたしっかりした感じを保ち、フォーカサーについていきながらも、フォーカサーに巻き込まれないようにすることが大事です。フォーカサーもリスナーも、自分の内側からの自発的な動きに注意を向け、からだが動きたい方向に（動きではなく、声や溜息、あくびなどで表現される場合もあります）動けるようにします。ホールボディ・フォーカシングでは、フォーカサーのからだもリスナーのからだも動いていきます。

4．教示の実際

＊これは一例です。この順番に全部やらなければいけないわけではありません。流れに応じて柔軟にやってみましょう。大切なのは、からだ全体と部分とを同時に感じること、そして出てきた感じにスペースを与えて、それが自由に動けるようにさせることです。

1) からだに注意を向けましょう。あれこれ心に気にかかっていることよりも、からだの感覚に注意してみましょう。
2) 足から始めます。足が床についている感じを感じてみましょう。立っている場合も座っている場合も、からだの重みを感じてみましょう。周りの環境に自分がどんなふうに支えられているか、ゆっくり注意を向けていきましょう。
3) 周りの環境（椅子や、床など）からどんなふうに自分が支えられているか、その支えられている感じが、あなたが自分で自分を支えているのとどんなふうに違っているか感じてみてください。支えられていることを感じてみると、からだ全体には何が起こるでしょう。
4) 呼吸に注意を向けてみましょう。あなたは呼吸をどこでしていますか？あなたのからだ全体を呼吸してみましょう。あなた全体を呼吸するために必要な、充分なスペースを呼吸のためにあげましょう。息そのものが行きたいようにからだを通り抜けていくのに、ただついていくだけでもいいでしょう。

5) ゆっくりと意識の中に、あなた自身をもっともっと含めるようにしていきましょう。あなたのからだ全体の感じが、もっとはっきりと感じられるようになるまで。
6) 何か動きが起こってきましたか？
7) からだ全体を感じている状態をキープします。すると、特別な注意を向けてほしがっているどこかの部分が感じられてきますね。
8) そんな部分が出てきましたか？ではその部分を、そのままからだの中に置いておいてあげましょう。それがそのままの状態でのびのびできるよう、そこにスペースを作ってあげましょう。そして、それをあるがままに受け入れてあげましょう。
9) そうしていると、何が起こってきていますか？今、起こってきたことにもスペースを作ってあげましょう。
10) 他には何が起こっていますか？他に何か生き生きと感じられるものがあるかもしれませんね。他にも注意を向けてほしがっているものが感じられているかもしれませんね。それがそのままでいられるように、それにもスペースを作ってあげましょう。それがもっと大きく広がることができるように、スペースを取ってあげましょう。
11) それでは全体の感じに戻りましょう。今ここであなたを支えてくれている感じを、しっかりと足をつけるように感じ直してみましょう。全体の感じと、注意を向けてほしがっている部分の感じの両方を、同時に意識してみることはできますか？からだ全体を感じながら、生き生きとのびやかな部分と、元気がない行きづまって感じられる部分とを共鳴させてみましょう。
12) この内なるつながりの空間から、何が出てきたがっているでしょう？何か新しいいのち、新しい動きのつながり、そんなものが出てきそうでしょうか？
13) では、こんなふうに問いかけてみましょう。「何が必要なのかな」「これは今の生活で起こっていることと関係がありそうかな」「これは自分の人生の何かのストーリーとつながっているのかな」など……。
14) 動きをハンドルにしましょう。注意を動きそのものに合わせてみましょう。そして、それにあなたが知らなかった場所に連れていってもらいましょう。注意の焦点を動きに合わせ続けていると、「新しい」ことが起こるために充分なあいだ、「分からない」ことと一緒にいやすくなります。

5. ふりかえり・かんたんな解説

　ホールボディ・フォーカシングは、自分が知っていることや想像できることをはるかに越えた、内なるからだの知恵に気づく方法です。変化はからだそのものの内なる知恵から生まれるのです。

　私たちのからだには、クセになってしまっている反応のパターンがあります。それを直そうとしても、ただがんばるだけでは直りません。なぜなら、パターンや姿勢は、私たちを守るためにそうなっているからです。ホールボディ・フォーカシングでは、そのクセや姿勢を無視したり、押しやったりするのではなく、それを尊重します。すると、そこからもっとよりよく自分を支えてくれる新しい可能性が開かれてくるのです。

　ホールボディ・フォーカシングは、からだから始めますが、そこから浮かんでくることはからだのことに限定されません。「今の生活でそんな感じ／動きとつながっていることがあるかな」と感じてみるところから、新しい気づきが展開することがよくあります。

　ホールボディ・フォーカシングでは、からだ全体を感じたときに、内側から自発的に生まれてくるかすかな動きをハンドルにします。この動きはそれ自体が内なる方向性と目的を持っており、その目的や方向性は動きを通じて表現されます。通常のフォーカシングとは違い、このハンドル（動き）は、それについていくことで、今まであなたが知らなかった新しい場所にあなたを連れていってくれるという役割を持っています。

　スペースの作り方も通常のフォーカシングとは違います。通常のフォーカシングでは、イメージで空間を作りますが、ホールボディ・フォーカシングでは、からだそのものにスペースを作ってもらいます。からだにたずねて、その時の自分のからだにふさわしいやり方で、からだにスペースを作ってもらうのです。それは、その部分に呼吸を入れることかもしれませんし、何かもっと体を動かしてみることだったりするかもしれません。からだにまかせる、というのがホールボディ・フォーカシングの大きな特徴です。

　足元から大地のエネルギーをからだ全体に行き渡らせることで、からだ全体が自分にとっての安全な環境になります。からだ全体という安全な守りを充分に感じ続けることで、「分からない」感じや「注意を向けてほしがっている部分」と一緒に

いやすくなります。そして、傷ついている部分、からだ全体から切り離されていた部分は、それ自体が愛されていると感じることができるようになったとき、自らを癒すプロセスに目覚めるのです。

　もっとも重要なのは、全体と部分の両方を同時に感じ続けることです。そのつながりから新しい何かが生まれてきます。それを信じて待つという姿勢が大切です。プロセスが行きづまったり、分からなくなったり、不安な感じが出てきたりしたら、地に足がついた感じをもう一度しっかりと感じなおしましょう。立ってワークすることの意味がここにあります。

6．注意事項・配慮すべき点

　ホールボディ・フォーカシングの「内側からの自発的な動き」は、フェルトセンスを動きで表現することとはまったく違うという点に、注意が必要です。動きがフェルトセンスを生み出すのです。からだ全体に注意を向けているときに、自然に生まれてくるかすかな動きが「内側からの自発的な動き」です。

　感じや動きが出てきたときに、「これは何だろう」「何の意味があるのだろう」とつきつめないようにしましょう。どうすればいいのか、これは何なのかということは、すべてからだにまかせて、からだが行きたいようにさせることが大切です。自分からああしよう、こうしてみようとしたりはしないこと。自然にあなたのからだから生まれてくるものにまかせましょう。何が出てきてもそれをそのまま受け入れ、それが自由になれるようなスペースを作ります。でも、動きに流されてはいけません。自動的にからだが勝手に動くのではなく、今、からだがどう動きたがっているのか、それはこの動きでいいのか、自分が自分のオブザーバーとなり、チェックしながら動きについていきましょう。

7．発展や応用、バリエーション

　「内側からの自発的な動き」を目覚めさせる・感じとるための実習としては、「腕が上がるエクササイズ」があります（参考文献参照）。このエクササイズだけでも、深いスピリチュアルな体験をすることがあります。

　また、ホールボディ・フォーカシングでは、からだの不調とのつきあい方を変え

ることができます。さらに、ホールボディ・フォーカシング的な聴き方（ホールボディ・リスニング）を練習すれば、より深く、相手のことを、からだまるごとで聴くことができるようになります。

参考文献

McEvenue, K. 2002 Dancing the Path of the Mystic. Wholebody Works.
ケビン・マケベニュ、土井晶子 2004
「ホールボディ・フォーカシング：アレクサンダー・テクニークとフォーカシングの出会い」
コスモス・ライブラリー

NOTES

付　録

付録 A
コミュニティ・グループで フォーカシングする際の諸注意

日笠 摩子

1. 概要

　フォーカシング実践の大きな特徴は、お互いにリスナーとして貢献しあう自助活動であり、専門家の援助を受ける必要がないという点です。ジェンドリンは、フォーカシングを教え始めた当初からお互いにリスナーとなりあうグループ活動(Changes)を促進していましたし、現在もパートナーシップ・プログラムを促しています。

　日本ではワークショップ参加者が自主的フォーカシング実践グループを作り、活動を続けています。アメリカではChangesと言われていますが、私たちはその言い方ではなじめず、フォーカシング・コミュニティと呼ぶことにしました。

　どのようなグループ活動でもグループ維持はそれほど簡単ではありません。加えて、フォーカシング独自の活動や関係を維持する必要があります。ここでは、フォーカシング・コミュニティを形成し、維持するための工夫をまとめました。

2. 対象

　フォーカシング入門ワークショップ参加後に、自主的継続グループの中でフォーカシング実践を続けている人たち、あるいは、そのような活動を始めようとしている人たち。

3. 目標

　参加者ひとりひとりが必要なフォーカシング体験を積み重ねることができるような、安全なフォーカシング・コミュニティを維持すること。

4. 注意事項・配慮すべき点

1) ワークショップ参加者が中心となってコミュニティを作るとよいでしょう

フォーカシング・コミュニティを始める前提として、ワークショップの中で築かれた安全で対等な関係が役立ちます。また、同じスタートラインから出発した仲間であり、その関係を維持することは自然な発展になります。また、既存のグループに参加したり、ワークショップに参加し続けるよりも、参加者たちが自主的にグループを始める方が、主体的で積極的な活動になるようです。

2) 自主グループの活動の実際

グループによってさまざまですが、参考のために一例をあげておきましょう。登録メンバーは15人程度で、活動は月一度、週末の午後3〜4時間、フォーカシングのために集まります。実際の参加者は10人内、時には数人のこともあります。

公共の会議室か、あるいは参加者が関わるカウンセリング・ルームなどに集まります。場所としては、全員が集まれる場所と、できれば、分かれてセッションをするための小部屋があると都合がよいようです。

会の流れとしては、最初に全体で、近況や今の気持ち、そしてその日のフォーカシングへの希望を話し合います。その後希望に応じて、2人組あるいは3人組に分かれます。そして、お互いにリスナー役フォーカサー役を交替してそれぞれ1時間ずつ、合計2時間あまりセッションの時間を持ちます。そして、お茶とお菓子をいただきながら、全員で、セッションをふりかえったり、リスナーとして学ぶことを確認したり、フォーカシングに関わることを話す時間を持ちます。

以下、そのようなグループを維持するための工夫を箇条書きであげておきます。

3) グループに名前をつけましょう

グループに名前をつけることは、フェルトセンスにハンドルをつけることでそこに留まりやすくなるのと同様の機能を持っているようです。名前があることで、グループの存在感が感じられ愛着も生まれ凝集性が高まるようです。自分たちのグループのアイデンティティの印です。自分たちのコミュニティのハンドルとしてふさわしい命名をしましょう。例えば、「大和郷」「KAI」「とげぬきもぐら」「青りんご」「コミュニティ96」「こいのぼり」など、発祥の地や発祥日時等々、それぞれに由来のある命名がされています。

付録 A

4) 場と日時の安定的確保が最重要課題です

　　参加者が集える時間と空間を確保できることは、コミュニティをはじめ維持するための鍵です。日時については、月例会として、例えば、毎月第3土曜日午後というような形で、参加者全員がいちばん集まりやすい日程を定例として確定しておいた方がよいようです。また、場所もいつも同じ場所が確保できると安定感あるグループになるようです。ただし、場所を提供する人、あるいは、公共の場所を毎月申し込みをする人には、負担がかかりやすいので、その負担に感謝しつつ、負担を和らげる工夫が必要です。

5) 役割分担をしましょう

　　その工夫の一つが役割分担をすることです。役割としては、先の場所取り係に加えて、連絡係、会計、お菓子係、次のお便り編集係、合宿企画係などがあります。役割をできるだけ多く作って分担することで、中心になる人に負担がかかって消耗するのを防ぐことができます。加えて、できるだけ多くの人が主体的にグループ運営に当たることになり、活発なグループになるようです。グループによっては、毎回順繰りで運営責任者をたてて活動しているところもあります。

6) 毎月の報告を全メンバーに送りましょう

　　忙しい生活を送るメンバーにとって、月一度とはいえ、毎回の参加は難しいものです。そして、一度休んでしまうと、気後れから敷居が高くなり、次回の参加はさらに難しくなりがちです。そのような敷居を少しでも低くするためには、毎回の報告と次回のお誘いを登録メンバー全員に送ることが役立ちます。お便りがくることで、参加しないメンバーも所属感が継続して、参加がとぎれても再開しやすいようです。インターネットでのメーリング・リストを活用すれば、費用の負担も少なく連絡が維持できます。

7) 熱心なメンバーがさらに学ぶ機会を持つことで活動は活性化します

　　入門ワークショップからコミュニティが始まることがほとんどですが、活動を続けるうちに、中にはリスナーとしての技術を向上させたいと思うようになる人もでてきます。リスナー訓練や特別テーマでのフォーカシング関係のワークショップに参加し、それをコミュニティで分かちあうことで、コミュニティの活動が活性化します。

付録 A

8) より大きな組織に参加しましょう

そのようなさらに学ぶ機会として、フォーカシングのさらに大きな組織に参加することが役に立ちます。全国的組織として日本フォーカシング協会や、国際的組織としてフォーカシング研究所につながることでも、いろいろな情報が得られます。

9) 参加人数が減ったり活動が減少するのは自然なことです

フォーカシングは一度体験して終わりというものではなく継続的に実践していくものです。そして、ひとりでも実践できるとはいえ、初心のあいだは特に、聴き手を前にしてのフォーカシングの時間や練習は貴重です。そのために継続的フォーカシング・コミュニティがあるわけですが、コミュニティは永遠に続くものではありません。もちろん、長く続けたいと望みそれが可能な人もいますが、人によっては、ひとりでフォーカシングができるようになってコミュニティの必要がなくなることもあります。

長く続けたい人にとってはグループの参加人数が減ることは残念なこと食い止めたいことと受け取られがちですが、見方を変えると、やめていくメンバーはフォーカシング・コミュニティなしでもフォーカシングを自分のものにできたのかもしれません。それはフォーカシングが自立的にできるようになり、日常に活かせるようになるという意味では望ましく、自然な方向です。

そのようなコミュニティの縮小は喜ぶべきことだと思います。

しかし、もちろん、継続したい人たちにとってフォーカシングの機会を失うのは残念なことです。そのような人は、より大きな組織（日本フォーカシング協会、フォーカシング研究所）に参加しましょう。そこで、新たなメンバーをお誘いしたり、コミュニティどうしが合流したりすることで、必要な人たちのための場を維持していけるのではないでしょうか。次ページの日精研心理臨床センターでも、フォーカシング・フォローアップコースとして継続の機会が提供されています。

参考文献

McGurire K.N. 1995 Building Supportive Community:
Mutual Self-help Through Peer Counseling, The Focusing Community

付録 B

関係諸機関

フォーカシングに関する情報は以下へどうぞ

The Focusing Institute

34 East Lane, Spring Valley, NY 10977　914-362-5222

e-mail　info@focusing.org

http://www.focusing.org/

日本フォーカシング協会

〒814-0184　福岡市城南区七隈8-19-1　福岡大学臨床心理センター　気付

e mail　focusing@post.email.ne.jp

http://www.ne.jp/asahi/focusing/jfa/

日精研心理臨床センター

〒102-0074　千代田区九段南2-3-27　あや九段ビル2階

TEL 03-3234-2965　FAX 03-3234-9084

e-mail　info@nsgk.co.jp

http://www.nsgk.co.jp/

各地でいろいろな講習会が開かれています。

日本フォーカシング協会のニュースレター、ホームページでご覧ください。

参考文献

有田秀穂・高橋玄朴　2002　「セロトニン呼吸法」　地湧社

近田輝行　2002　「フォーカシングで身につけるカウンセリングの基本」　コスモス・ライブラリー

Cornell, A.W.　1993　The Focusing Guide's Manual. 3ed. Berkeley Focusing Resources
　　　（村瀬孝雄監訳、大澤美枝子・日笠摩子訳　1996　「フォーカシング・ガイドマニュアル」　金剛出版）

Cornell, A.W.　1994　The Focusing Student's Manual. 3ed. Berkeley Focusing Resources
　　　（村瀬孝雄監訳、大澤美枝子訳　1996　「フォーカシング入門マニュアル」　金剛出版）

Cornell, A.W.　1996　The Power of Focusing. New Harbinger Publications, Inc.
　　　（大澤美枝子・日笠摩子訳　1999　「やさしいフォーカシング」　コスモス・ライブラリー）

Cornell, A.W.　1997　Focusing Resources（日笠訳）

Cornell, A.W.　1999　Focusing Resources

Edwards, B.　1987　Drawing on the Artist Within

フォーカシング国際会議　1997　ドイツ　ユルゲン・シュミット教授　Drawing (from) the Felt Sense

フォーカシング・プロジェクト　1999　「フォーカシング・ワークショップ・イン・東京(中級)」　非売品

Friedman, N. 2000　Focusing: Selected Essays 1 pp125-133
　　　（日笠摩子訳　2004　「フォーカシングとともに」　コスモス・ライブラリー）

ユージン・ジェンドリン・池見　陽　1999　「セラピープロセスの小さな一歩」
　　　（池見陽、村瀬孝雄訳　金剛出版）

Gendlin, E.T.　1962　Experiencing and the creation of meaning. A philosophical and psychological approach to the subjective. New York : Free Press of Glencoe. Revised
　　　（筒井健雄訳　1993　「体験過程と意味の創造」　ぶっく東京）

Gendlin, E.T.　1964　A theory of personality change. In P. Worchel & D. Byrne (Eds.). Personality change, pp.100-148. New York : John Wiley and Sons.
　　　（村瀬孝雄訳　1981　「体験過程と心理療法」　新装版　ナツメ社）

Gendlin, E.T.　1978　1981　Focusing, Bantam Books　（日笠訳）
　　　（村山正治・都留春夫・村瀬孝雄訳　1982　「フォーカシング」　福村出版）

Gendlin, E.T.　1986　Let Your Body Interpret Your Dreams. Wilmette, IL : Chiron.
　　　（村山正治訳　1988　「夢とフォーカシング」　福村出版）

Gendlin, E.T.　1995　Crossing and Dipping　村里忠之訳　「交差と浸る事」

Gendlin, E.T.　1996　Focusing-Oriented Psychotherapy :
　　　A Manual of the Experiential Method. New York; Guilford Press.
　　　（村瀬孝雄・池見陽・日笠摩子訳　1998　「フォーカシング指向心理療法（上）」　金剛出版）

Gendlin, E. T. 1996　Focusing-Oriented Psychotherapy:
　　　A Manual of the Experiential Method. New York : Guilford Press.
　　　（村瀬孝雄・池見陽・日笠摩子訳　1999　「フォーカシング指向心理療法（下）」　金剛出版）

Gendlin, E.T. 1997 A Process Model, Focusing Institute
Gendlin, E.T. et al. 2004 FOLIO Volume 19, No.1 Thinking At the Edge :
　　A New Philosophical Practice
Gendlin, E.T. Don Johnson 2004 Firstperson Science 村里忠之訳「一人称の科学」
日笠摩子 2003 「セラピストのためのフォーカシング入門」 金剛出版
Hinterkopf, E. 1997 Integrating Spirituality into Couseling
　　（日笠摩子・伊藤義美訳 2000 「いのちとこころのカウンセリング」 金剛出版）
池見陽 1995 「こころのメッセージを聴く」 講談社現代新書
池見陽編著 1997 「フォーカシングへの誘い」 サイエンス社
伊藤義美編著 2002 「フォーカシングの実践と研究」 ナカニシヤ出版
吉良安之 2002 「主体感覚とその賦活化」 九州大学出版会
Klein, J. 1995 Empathic Felt Sense Listening and Focusing. The Focusing Institute.
Klein, J. 1998 Interactive Focusing Center For Interactive Focusing
Klein, J. 1999 Something is Happening Inside-Me The Inside-People Press
Klein, J. 2001 Interactive Focusing Therapy Center For Interactive Focusing
Klein, J. 2003 Interactive Focusing through Stories
クライン、J.著 諸富祥彦監訳、前田満寿美訳 2005
　　「インタラクティブ・フォーカシング・セラピー カウンセラーの力量アップのために」 誠信書房
Kye Nelson 2003 Deep Thinking ニューヨークでのTAEワークショップ資料
増井武士 1999 「迷う心の『整理学』」 講談社現代新書
McEvenue, K. 2002 Dancing the Path of the Mystic. Wholebody Works.
ケビン・マケベニュ、土井晶子 2004 「ホールボディ・フォーカシング：
　　アレクサンダー・テクニークとフォーカシングの出会い」 コスモス・ライブラリー
McGavin, B. 1995 Being a Focuser, Focusing Connection Nov.
McGurire K.N. 1995 Building Supportive Community :
　　Mutual Self-help Through Peer Counseling, The Focusing Community
村里忠之 2005 TAEあるいは言葉の欠けるところ 「フォーカシングの展開」 ナカニシヤ出版
村瀬孝雄・阿世賀浩一郎・近田輝行・日笠摩子 1995 「フォーカシング事始め」 金子書房
村山正治他 1987 「フォーカシングの理論と実際」 福村出版
岡山県教育センター 1989 学校における集団カウンセリングの試み 1988年度 長期研修員研究報告書
田村隆一 1999 フォーカシングと夢分析 －臨床上の有効性と留意点－
　　現代のエスプリ 382、 122-130 至文堂
田村隆一 2002 夢のフォーカシングとシフトの質的差異 －最も古い夢フォーカシングの事例からの考察－
　　村山正治・藤中隆久編「クライエント中心療法と体験過程療法 第12章」 ナカニシヤ出版
土江正司 2003 子どもが生きるカウンセリング技法 ―フォーカシング― 児童心理、4月号 臨時増刊
土江正司 2005 心の天気 ―体験過程の象徴化― 伊藤義美編著「フォーカシングの展開」 ナカニシヤ出版

■編著者略歴

近田輝行（ちかだ・てるゆき）
　　　　立教大学大学院修了。豊島区教育センター教育相談員、立教大学専任カウンセラーを経て現在、東京女子大学文理学部教授
日本・精神技術研究所にてフォーカシングの個人指導・ワークショップを担当
The Focusing Institute 認定コーディネーター。臨床心理士
著書『フォーカシング事始め』（共著、日本・精神技術研究所）
　　『フォーカシングへの誘い』（共著、サイエンス社）
　　『フォーカシングで身につけるカウンセリングの基本―
　　　クライエント中心療法を本当に役立てるために』
　　（コスモス・ライブラリー）ほか

日笠摩子（ひかさ・まこ）
　　　　東京大学大学院教育心理学博士課程満期退学。現在、大正大学人間学部臨床心理学専攻教授
日本・精神技術研究所にてフォーカシングの個人指導・ワークショップを担当
The Focusing Institute 認定コーディネーター。臨床心理士
著書『フォーカシング事始め』（共著、日本・精神技術研究所）
　　『セラピストのためのフォーカシング入門』（金剛出版）
訳書『フォーカシング指向心理療法』（共訳、金剛出版）
　　『やさしいフォーカシング』『フォーカシングとともに(1)(2)(3)』
　　（コスモス・ライブラリー）『パーソン・センタード・セラピー』（金剛出版）ほか

■執筆者紹介(五十音順)

池見　陽	関西大学文学部教授
大澤美枝子	フォーカシング・プロジェクト
片山睦枝	池袋カウンセリングセンターカウンセラー
吉良安之	九州大学高等教育総合開発研究センター教授
小池順子	小児科おぎわらクリニック
笹田晃子	フォーカシング・プロジェクト
白岩紘子	ホリスティック心理学研究所主宰、桜美林大学大学院講師
	e-mail:kokoshira@nifty.com
妹尾光男	岡山市立豊小学校教諭
田村隆一	福岡大学人文学部教授
土江正司	心身教育研究所・一心塾代表、フォーカシングトレーナー、臨床心理士
	URL:http://www.mable.ne.jp/~tsuchies/
	e-mail:tsuchies@mable.ne.jp
土井晶子	臨床心理士、Focusing-Oriented Therapist
宮川照子	インタラクティブ・フォーカシング・マスターティーチャー
村里忠之	帝京平成大学准教授
山田絵理香	敬愛大学

株式会社　日本・精神技術研究所

楽しく、やさしい、カウンセリングトレーニング
フォーカシング ワークブック

| 2005年4月17日 | 第1版1刷発行 |
| 2007年8月29日 | 第1版2刷発行 |

編著者	近田　輝行　　日笠　摩子
イラスト	大塚　弥生　　近田　輝行
発行者	内田　純平
発行所	株式会社　日本・精神技術研究所 〒102-0074　東京都千代田区九段南2-3-27 あや九段ビル3階 http://www.nsgk.co.jp/ TEL 03-3234-2961(代) FAX 03-3234-2964
発売元	株式会社　日本・精神技術研究所 〒102-0074　東京都千代田区九段南2-3-27 あや九段ビル3階 http://www.nsgk.co.jp/ TEL 03-3234-2961(代) FAX 03-3234-2964
	株式会社　金子書房 〒112-0012　東京都文京区大塚3-3-7 TEL 03-3941-0111
印刷所	株式会社　東京美術

ISBN978-4-931317-12-3 C0011
落丁乱丁はお取り替えいたします。